2025年度版

栃木県の
論作文・面接

過 去 問

協同教育研究会 編

協同出版

はじめに～「過去問」シリーズ利用に際して～

　教育を取り巻く環境は変化しつつあり、日本の公教育そのものも、教員免許更新制の廃止やGIGAスクール構想の実現などの改革が進められています。また、現行の学習指導要領では「主体的・対話的で深い学び」を実現するため、指導方法や指導体制の工夫改善により、「個に応じた指導」の充実を図るとともに、コンピュータや情報通信ネットワーク等の情報手段を活用するために必要な環境を整えることが示されています。

　一方で、いじめや体罰、不登校、暴力行為など、教育現場の問題もあいかわらず取り沙汰されており、教員に求められるスキルは、今後さらに高いものになっていくことが予想されます。

　本書の基本構成としては、論作文・面接試験の概要、過去数年間の論作文の過去問題及びテーマと分析と論点、面接試験の内容を掲載しています。各自治体や教科によって掲載年数をはじめ、論作文の書き方や面接試験対策を掲載するなど、内容が異なります。

　また原則的には一般受験を対象としております。特別選考等については対応していない場合があります。なお、実際に出題された順番や構成を、編集の都合上、変更している場合があります。あらかじめご了承ください。

　みなさまが、この書籍を徹底的に活用し、教員採用試験の合格を勝ち取って、教壇に立っていただければ、それはわたくしたちにとって最上の喜びです。

協同教育研究会

CONTENTS

第1部

論作文・面接試験 の概要

論作文試験の概要

■ 論作文試験の意義

　近年の論作文では，受験者の知識や技術はもちろんのこと，より人物重視の傾向が強くなってきている。それを見る上で，各教育委員会で論作文と面接型の試験を重視しているのである。論作文では，受験者の教職への熱意や教育問題に対する理解や思考力，そして教育実践力や国語力など，教員として必要な様々な資質を見ることができる。あなたの書いた論作文には，あなたという人物が反映されるのである。その意味で論作文は，記述式の面接試験とは言え，合否を左右する重みを持つことが理解できるだろう。

　論作文には，教職教養や専門教養の試験と違い，完全な正答というものは存在しない。読み手は，表現された内容を通して，受験者の教職の知識・指導力・適性などを判定すると同時に，人間性や人柄を推しはかる。論作文の文章表現から，教師という専門職にふさわしい熱意と資質を有しているかを判断しているのである。

　論作文を書き手，つまり受験者の側から見れば，論作文は自己アピールの場となる。そのように位置付ければ，書くべき方向が見えてくるはずである。自己アピール文に，教育評論や批判，ましてやエッセイを書かないであろう。論作文は，読み手に自分の教育観や教育への熱意を伝え，自分を知ってもらうチャンスに他ならないのである

　以上のように論作文試験は，読み手(採用側)と書き手(受験者)の双方を直接的につなぐ役割を持っているのである。まずはこのことを肝に銘じておこう。

■ 論作文試験とは

　文章を書くということが少なくなった現在でも，小中学校では作文，

大学では論文が活用されている。また社会人になっても，企業では企画書が業務の基礎になっている。では，論作文の論作文とは具体的にはどのようなものなのだろうか。簡単に表現してしまえば，作文と論文と企画書の要素を足したものと言える。

小学校時代から慣れ親しんだ作文は，自分の経験や思い出などを，自由な表現で綴ったものである。例としては，遠足の作文や読書感想文などがあげられる。遠足はクラス全員が同じ行動をするが，作文となると同じではない。異なる視点から題材を構成し，各々が自分らしさを表現したいはずである。作文には，自分が感じたことや体験したことを自由に率直に表現でき，書き手の人柄や個性がにじみ出るという特質がある。

一方，作文に対して論文は，与えられた条件や現状を把握し，論理的な思考や実証的なデータなどを駆使して結論を導くものである。この際に求められるのは，正確な知識と分析力，そして総合的な判断力と言える。そのため，教育に関する論文を書くには，現在の教育課題や教育動向を注視し，絶えず教育関連の流れを意識しておくことが条件になる。勉強不足の領域での論文は，十分な根拠を示すことができずに，説得力を持たないものになってしまうからである。

企画書は，現状の分析や把握を踏まえ，実現可能な分野での実務や計画を提案する文書である。新しい物事を提案し認めてもらうには，他人を納得させるだけの裏付けや意義を説明し，企画に対する段取りや影響も予測する必要がある。何事においても，当事者の熱意や積極性が欠けていては，構想すら不可能である。このように企画書からは，書き手の物事への取り組む姿勢や，将来性が見えてくると言える。

論作文には，作文の経験を加味した独自の部分と，論文の知識と思考による説得力を持つ部分と，企画書の将来性と熱意を表現する部分を加味させる。実際の論作文試験では，自分が過去にどのような経験をしたのか，現在の教育課題をどのように把握しているのか，どんな理念を持ち実践を試みようと思っているのか，などが問われる。このことを念頭に置いた上で，論作文対策に取り組みたい。

5

面接試験の概要

▌面接試験の意義

　論作文における筆記試験では，教員として必要とされる一般教養，教職教養，専門教養などの知識やその理解の程度を評価している。また，論作文では，教師としての資質や表現力，実践力，意欲や教育観などをその内容から判断し評価している。それに対し，面接試験は，教師としての適性や使命感，実践的指導能力や職務遂行能力などを総合し，個人の人格とともに人物評価を行おうとするものである。

　教員という職業は，児童・生徒の前に立ち，模範となったり，指導したりする立場にある。そのため，教師自身の人間性は，児童・生徒の人間形成に大きな影響を与えるものである。そのため，特に教員採用においては，面接における人物評価は重視されるべき内容であり，最近ではより面接が重視されるようになってきている。

▌面接試験とは

　面接試験は，すべての自治体の教員採用選考試験において実施されている。最近では，教育の在り方や教師の役割が厳しく見直され，教員採用の選考においても教育者としての資質や人柄，実践的指導力や社会的能力などを見るため，面接を重視するようになってきている。特に近年では，1次選考で面接試験を実施したり，1次，2次選考の両方で実施するところも多くなっている。

　面接の内容も，個人面接，集団面接，集団討議(グループ・ディスカッション)，模擬授業，場面指導といったように多様な方法で複数の面接試験を行い，受験者の能力，適性，人柄などを多面的に判断するようになってきている。

　最近では，全国的に集団討議(グループ・ディスカッション)や模擬授

業を実施するところが多くなり，人柄や態度だけでなく，教員としての社会的な能力の側面や実践的な指導能力についての評価を選考基準として重視するようになっている。内容も各自治体でそれぞれに工夫されていて，板書をさせたり，号令をかけさせたりと様々である。

　このように面接が重視されてきているにもかかわらず，筆記試験への対策には，十分な時間をかけていても，面接試験の準備となると数回の模擬面接を受ける程度の場合がまだ多いようである。

　面接で必要とされる知識は，十分な理解とともに，あらゆる現実場面において，その知識を活用できるようになっていることが要求される。知っているだけでなく，その知っていることを学校教育の現実場面において，どのようにして実践していけるのか，また，実際に言葉や行動で表現することができるのか，といったことが問われている。つまり，知識だけではなく，智恵と実践力が求められていると言える。

　なぜそのような傾向へと移ってきているのだろうか。それは，いまだ改善されない知識偏重の受験競争をはじめとして，不登校，校内暴力だけでなく，大麻，MDMA，覚醒剤等のドラッグや援助交際などの青少年非行の増加・悪質化に伴って，教育の重要性，教員の指導力・資質の向上が重大な関心となっているからである。

　今，教育現場には，頭でっかちのひ弱な教員は必要ない。このような複雑・多様化した困難な教育状況の中でも，情熱と信念を持ち，人間的な触れ合いと実践的な指導力によって，改善へと積極的に努力する教員が特に必要とされているのである。

▌ 面接試験のねらい

　面接試験のねらいは，筆記試験ではわかりにくい人格的な側面を評価することにある。面接試験を実施する上で，特に重視される視点としては次のような項目が挙げられる。

① 人物の総合的評価　面接官が実際に受験者と対面することで，容姿，態度，言葉遣いなどをまとめて観察し，人物を総合的に評価することができる。これは面接官の直感や印象によるところが大きい

が，教師は児童・生徒や保護者と全人的に接することから，相手に好印象を与えることは好ましい人間関係を築くために必要な能力と言える。

② 性格・適性の判断　面接官は，受験者の表情や応答態度などの観察から性格や教師としての適性を判断しようとする。実際には，短時間での面接のため，社会的に，また，人生の上でも豊かな経験を持った学校長や教育委員会の担当者などが面接官となっている。

③ 志望動機・教職への意欲などの確認　志望動機や教職への意欲などについては，論作文でも判断することもできるが，面接では質問による応答経過の観察によって，より明確に動機や熱意を知ろうとしている。

④ コミュニケーション能力の観察　応答の中で，相手の意思の理解と自分の意思の伝達といったコミュニケーション能力の程度を観察する。中でも，質問への理解力，判断力，言語表現能力などは，教師として教育活動に不可欠な特性と言える。

⑤ 協調性・指導性などの社会的能力(ソーシャル・スキル)の観察　ソーシャル・スキルは，教師集団や地域社会との関わりや個別・集団の生徒指導において，教員として必要とされる特性の一つである。これらは，面接試験の中でも特に集団討議(グループ・ディスカッション)などによって観察・評価されている。

⑥ 知識・教養の程度や教職レディネスを知る　筆記試験において基本的な知識・教養については評価されているが，面接試験においては，さらに質問を加えることによって受験者の知識・教養の程度を正確に知ろうとしている。また，具体的な教育課題への対策などから，教職への準備の程度としての教職レディネス(準備性)を知る。

第 2 部

栃木県の
論作文・面接
実施問題

2024年度　| 論作文実施問題

【小学校教諭等・2次試験】50分　600字以上1000字以内(1000字詰原稿用紙1枚)

●テーマ

> 　栃木県教育振興基本計画2025では,「ふるさとの自然・歴史・文化等を学ぶ機会の充実」について示されている。
>
> 　そこで,あなたは,児童生徒がふるさとを大切にする心を育むために,具体的にどのような取組をしていきたいか,理由を含めて書きなさい。

●方針と分析

(方針)

　「ふるさとを大切にする心を育む」ことの重要性について述べたうえで,実際にどのような取り組みをするか具体的に論述する。

(分析)

　教育基本法では,教育の目標の一つとして「伝統と文化を尊重し,それらを育んできた我が国と郷土を愛するとともに,他国を尊重し,国際社会の平和と発展に寄与する態度を養うこと」を掲げている。それは,現行の学習指導要領の総則においても「伝統と文化を尊重し,それらを育んできた我が国と郷土を愛するとともに,他国を尊重すること」と,明確に示されている。ここに,設問が求める「ふるさとを大切にする心を育む」ことの重要性の背景がある。

　令和3年2月に公表された「栃木県教育振興基本計画2025」では,基本施策11に「ふるさとの自然・歴史・伝統・文化等を学ぶ機会の充実」を掲げている。そこでは,施策の方向として「グローバル化が進展す

10

る中で，子どもたちが主体性をもって生きていくには，国際感覚を磨き，国際的視野に立ちながら，郷土や我が国の伝統・文化等を尊重し，それらを育んできた郷土や我が国を愛するとともに，他国の異なる文化を尊重し，国際社会の平和と発展に寄与する態度を養うことが大切です。そのため，郷土や我が国の自然・歴史・伝統・文化等を学ぶ機会について，学校教育においては，地域社会と連携・協働しながら，各学校の特色を生かした教科等横断的な視点で充実を図ります。社会教育においても，様々な体験や人との交流を通じて充実を図っていきます」と述べている。

　そのうえで，主な取組として「ふるさととちぎを学ぶ機会の充実」「伝統や文化に関する教育の充実」「文化財の保存と文化財に触れ親しむ機会の充実」の3点を掲げている。これらが，具体的な教育活動を考える際の視点となる。

●作成のポイント

　本問は600字以上1000字以内という指定があるので，序論・本論・結論の3段構成で論述するとまとめやすい。

　序論では，「ふるさとを大切にする心を育む」ことの重要性について，教育基本法や学習指導要領，栃木県教育振興基本計画などの記述を踏まえて論述する。また，栃木県の学校教育の実情などにも触れることで，説得力のある論述となるだろう。この序論に，300〜400字程度を割く。

　本論では，「ふるさとを大切にする心を育む」ための具体的な教育活動について述べることになる。その視点は，先の栃木県教育振興基本計画の主な取組みにも関わって「地域の自然・文化に触れる体験」「地域の人々との交流」など，地域の特色・資源を活かした教育活動である。それらの中から二つ程度を選択し，取り上げた教育活動に関する基本的な考え方を述べたうえで，具体的な取組みを示す。この本論は，400〜500字程度でまとめる。

　結論は，「ふるさとを大切にする心を育む」教育活動の推進に努力

し，栃木県の未来を担っていく人材を育てるという決意を100～200字
程度述べて，作文をまとめる。

【中学校教諭等・2次試験】50分　600字以上1000字以内(1000字詰原稿
用紙1枚)

●テーマ

> 令和5(2023)年6月に閣議決定された教育振興基本計画では，「誰一
> 人取り残されず，全ての人の可能性を引き出す共生社会の実現に向
> けた教育の推進」が示されている。
>
> そこで，あなたは，児童生徒が相互に多様性を認め，高め合う心
> を育むために，具体的にどのような取組をしていきたいか，理由を
> 含めて書きなさい。

●方針と分析

(方針)

多様性を認め，高め合う共生社会を実現することの重要性を述べ，
そのために子供たちに身に付けさせなければならない資質能力を示
す。そのうえで，多様性を認め，高め合う心を育むための取組みにつ
いて具体的に述べる。

(分析)

平成24年7月の『中央教育審議会初等中等教育分科会報告』の中で，
「共生社会の形成に向けて，インクルーシブ教育システムの理念が重
要であり，その構築のため，特別支援教育を着実に進めていく必要が
ある」と述べられた。また，平成26年1月には『障害者の権利に関す
る条約』が批准され，教育にかかわる障害者の権利が認められた。さ
らに，平成28年4月から「障害者差別解消法」が施行され，障害者に
対する不当な差別が禁止されるとともに，「合理的配慮」を提供する

こととが義務付けられた。この流れの基本が，教育の機会均等を確保するために障害者を包容する教育制度(inclusive education system)を確保することである。

　この考え方は新学習指導要領にも受け継がれ，学習指導要領の改訂に向けた中央教育審議会の答申で「教育課程全体を通じたインクルーシブ教育システムの構築」という考え方が打ち出された。これは，障害のある子供が，十分に教育を受けられるための合理的配慮及びその基礎となる環境整備を行うことに他ならない。教育環境の整備はもちろん，教育内容を含めてインクルーシブ教育の考え方に立った教育課程を編成し，共生社会を実現するための教育を進めていかなければならない。

　こうしたインクルーシブ教育を通して，障害及び障害者に対する知識と理解，互いの人格と個性を尊重し合う姿勢，助け合い協力する態度などが必要である。

●作成のポイント

　本問は600字以上1000字以内という指定があるので，序論・本論・結論の3段構成で論述するとまとめやすい。

　序論では，教育を通して共生社会を実現することの重要性を述べ，そのための教育とはどのような教育なのか，簡潔に整理して述べる。そのうえで，共生社会の実現のためにインクルーシブ教育などを通して子供たちに身に付けさせなければならない資質能力などを示す。この序論に，300～400字程度を割く。

　本論では，インクルーシブ教育の考え方などを踏まえて一人一人の多様性を認め，高め合う心を育むためにどのように取り組んでいくか，具体的な取組を2～3つに整理して論述する。その視点としては，「個に応じた教育の充実」「個別の教育支援計画や個別の指導計画の活用」「障害の有無にかかわらず共に学ぶことの重要性の指導」などが考えられる。具体的な教育活動としては，「授業内容や方法の工夫・改善」「家庭や地域との連携し越・設備の充実」「障害のある人との交流活動」

といった取組みが考えられる。この本論は，400〜500字程度でまとめる。

　最後は，あらゆる人々が共生できる社会の実現を目指し，インクルーシブ教育の考え方に基づいた教育を推進する固い決意を100〜200字程度で示して，作文をまとめる。

【高等学校教諭等・2次試験】50分　600字以上1000字以内(1000字詰原稿用紙1枚)

●テーマ

> 　令和3年1月中教審答申では，「令和の日本型学校教育」を担う教職員の姿の一つとして，「子供一人一人の学びを最大限に引き出し，主体的な学びを支援する伴走者としての役割を果たしている」ことが示されています。そこで，主体的な学びを支援するために，あなたが教員として勤務する上で，自身の教員としての「強み」を学校現場のどのような場面で，どのように生かしていきたいか，自身の「強み」を明確にしながら具体的に書きなさい。

●方針と分析

(方針)

　学習指導要領などの考え方を基に，生徒が主体的に学ぶことの重要性を論じたうえで，生徒が主体的に学ぶことを支援していくために自分の強みをどのように発揮して教育活動に取り組んでいくか具体的に述べる。

(分析)

　学習指導要領では，「豊かな創造性を備え持続可能な社会の創り手となることが期待される児童生徒に生きる力を育むことを目指すに当たっては，…児童生徒の発達の段階や特性等を踏まえつつ」と，育成

すべき三つの資質能力を示している。この三つ目が、「学びに向かう力，人間性等を涵養すること」である。この「学びに向かう力」について学習指導要領解説・総則編では、「児童生徒一人一人がよりよい社会や幸福な人生を切り拓いていくためには，主体的に学習に取り組む態度も含めた学びに向かう力や，自己の感情や行動を統制する力，よりよい生活や人間関係を自主的に形成する態度等が必要となる」と，その重要性を強調している。

　一方，PISAをはじめとする国際的な学力関係の調査，様々な研究団体の調査では，諸外国に比べて日本の子供たちは学びの意味や意義の理解が薄く，「学びに向かう姿勢」「学びに向かう態度」に課題があるという指摘がされている。設問のテーマである「主体的に学ぶ力」は，こうした「学びに向かう姿勢」「学びに向かう態度」が基盤となって身に付いていく力であると考えられる。そのために，日々の授業を子供たちが主体的に学ぶ授業に改善していくことを欠かすことはできない。

　そのための視点が，新学習指導要領で提言されている「主体的・対話的で深い学び」である。この「主体的学び」について，学習指導要領解説・総則編では「学ぶことに興味や関心を持ち，自己のキャリア形成の方向性と関連づけながら，見通しを持って粘り強く取組み，自己の学習活動を振り返って次につなげる『主体的な学び』」と説明している。これをどのように具体化していくのか，自分自身の考え方や方策をまとめておかなければならない。その視点は，解説で述べている「学ぶことへの興味や関心」「キャリア形成との関連づけ」「見通しと振り返り」などである。

　一方，人は誰も異なる性格と人格をもっているように，一人一人の教師は誰もが異なる存在であり，性別はもちろん専門性も得意分野も一様ではない。そこに，あなたが教育で生かすことのできる強みが存在する。その強みをしっかりと認識し，直面する課題解決に当たっていく必要がある。生徒が主体的に学ぶことを支援するために，その強みをどのように発揮できるのか整理しておきたい。

●作成のポイント

　本問は600字以上1000字以内という指定があるので，序論・本論・結論の3段構成で論述するとまとめやすい。

　序論では，何故，子供たちが主体的に学ぶことがなぜ必要なのか，社会的背景とともに日本の子供たちの学びに対する姿勢の実態を踏まえ，その重要性を論述する。その際，単なる文部科学省などの言葉を引き写すのではなく，あなた自身の考えを論理的に述べることが必要である。この序論に，300〜400字程度を割く。

　本論では，序論で述べた子供たちが主体的に学ぶ教育活動に取り組んでいくか二つ程度に整理して論述する。その際，設問にもあるように，あなたの教員としての強みを明確に示して，その強みをどのように生かしていくのかを示すようにする。学ぶことへの興味関心を高めるために，受験する教科に即した子供の問題意識を大切にすることを落としてはならないだろう。この本論は，400〜500字程度でまとめる。

　結論では，テーマである子供たちが主体的に学んでいくことについて俯瞰的に捉え，取組みの基本となる姿勢や本論で触れられなかった考え方や方策を書き込むとともに，教師として子供を主体とした教育活動を進めていく決意を100〜200字程度で述べて，作文をまとめる。

2023年度　論作文実施問題

【小学校教諭等・2次試験】　50分　600字以上1000字以内(1000字詰原稿用紙1枚)

●テーマ

> 　障害の有無にかかわらず，誰もが互いに人格と個性を尊重し支え合って共生する社会を目指し，インクルーシブ教育システムの更なる推進が求められている。
>
> 　そこで，インクルーシブ教育システムの構築に向けて特別支援教育を充実させるために，あなたが大切だと考えることは何か，理由を含めて書きなさい。また，日々の教育活動の中でどのような取組をしていきたいか，具体的に書きなさい。

●方針と分析

(方針)

　誰もが互いに人格と個性を尊重し支え合って共生する社会の実現を目指すインクルーシブ教育の重要性を指摘し，特別支援教育を充実させるために何を大切にするかを論じたうえで，日々の教育活動でどのような取組をしていくか具体的に論じる。

(分析)

　平成24年7月の『中央教育審議会初等中等教育分科会報告』の中で，「共生社会の形成に向けて，インクルーシブ教育システムの理念が重要であり，その構築のため，特別支援教育を着実に進めていく必要がある」と述べられた。更に，平成26年1月には『障害者の権利に関する条約』が批准され，教育にかかわる障害者の権利が認められた。また，平成28年4月から「障害者差別解消法」が施行されることとなり，

障害者に対する不当な差別が禁止されるとともに、「合理的配慮」を提供することが義務付けられた。この流れの基本的な考え方が、教育の機会均等を確保するために障害者を包容する教育制度(inclusive education system)を確保することである。

　この考え方は現行の学習指導要領にも引き継がれ、学習指導要領の改訂に向けた中央教育審議会の答申で「教育課程全体を通じたインクルーシブ教育システムの構築」という考え方が打ち出されている。これには、障害のある子供が十分に教育を受けられるための合理的配慮及びその基礎となる環境整備を行うことが重要であり、教育環境の整備はもちろん、教育内容を含めてインクルーシブ教育の考え方に立った教育課程を編成し、特別支援教育を進めていくことが求められるとされている。

　言うまでもなく、特別支援教育は、児童生徒一人一人のニーズに応じて適切な支援を行う教育である。しかし、一口に「ニーズに応じた教育」といっても、校種や児童生徒の発達段階、障害の状況によって求められることは異なる。また、小中学校では、通常の学級に在籍する「特別な教育的支援を必要とする児童」の数が増えており、それへの対応が課題となっている。中学校ではそれに加え、卒業後の進路の選択などが課題となる。また、特別支援学校や特別支援学級では、障害の重度・重複化への対応が大きな課題である。

　こうした課題の解決に向け、適切な環境を整えるとともに必要な対応をしていくことが重要である。具体的には、一人一人の障害の状況に応じた教育を進めること、積極的に社会に出ていくことを可能にすること、組織的に取り組んでいくこと、保護者や地域の理解を得ることなどが重要である。また、学校として保護者の考えや思いを受け止めるとともに、必要に応じて医師やカウンセラーといった専門家の力を借りることも重要である。

●作成のポイント

序論，本論，結論の3段構成とする。

序論では，設問にあるインクルーシブ教育とはどのような教育なのか，その重要性を含めて簡潔に述べる。また，インクルーシブ教育システム構築のために特別支援教育では何を大切にするのかを論じる。その際，中央教育審議会の答申などの国の動向，受験する自治体の施策などを踏まえることが必要である。

本論では，インクルーシブ教育の考え方に立った特別支援教育にどのように取り組んでいくか，具体的な方策を2〜3つに整理して論述する。たとえば，「個に応じた教育の充実」，「個別の教育支援計画の作成と活用」，「個別の指導計画の活用」，「障害の有無にかかわらず共に学ぶことの重要性」，そのための「授業内容や方法の工夫・改善」，「家庭や地域との連携・設備の充実」といった方策などが考えられるだろう。

結論では，栃木県の教員としてあらゆる人々が共生できる社会の実現を目指し，インクルーシブ教育の考え方に基づいた教育を推進するという固い決意を示して論作文をまとめる。

【中学校教諭等・2次試験】　50分　600字以上1000字以内(1000字詰原稿用紙1枚)

●テーマ

令和3年1月の中央教育審議会の答申で「個別最適な学び」という考え方が示され，個に応じた指導の充実がこれまで以上に求められている。

そこで，あなたが教員として，個に応じた指導の充実を図っていくために具体的にどのような取組をしていきたいか，理由を含めて書きなさい。

●方針と分析

(方針)

　中央教育審議会の答申で示された「個別最適な学び」の概要について簡潔に述べるとともに，個に応じた指導を進めることの重要性について論じる。そのうえで，個に応じた指導を充実させるためにどのような取組をしていくか具体的に論じる。

(分析)

　令和3年1月26日，中央教育審議会は「『令和の日本型学校教育』の構築を目指して　〜全ての子供たちの可能性を引き出す，個別最適な学びと，協働的な学びの実現〜」を答申した。この答申で注目されているのが「個別最適な学び」という考え方である。

　答申では，まず「児童生徒はそれぞれ能力・適性，興味・関心，性格等が異なっており，また，知識，思考，価値，心情，技能，行動等も異なっている。個々の児童生徒の特性等を十分理解し，それに応じた指導を行うことが必要であり，指導方法の工夫改善を図ることが求められる」とし，子供一人一人の多様性に向き合うことの必要性を強調している。すなわち，子供の学びは個々の子供によって異なるということが大前提となっているのである。

　そのうえで，更に「指導の個別化」と「学習の個性化」という考え方を示している。「指導の個別化」とは，子供一人一人の特性や学習進度，学習到達度等に応じ，指導方法・教材や学習時間等の柔軟な提供・設定を行うことである。また「学習の個性化」とは，教師が子供一人一人に応じた学習活動や学習課題に取り組む機会を提供することで，子供自身の学習が最適となるよう調整することである。この「指導の個別化」と「学習の個性化」を教師視点から整理した概念が「個に応じた指導」であり，この「個に応じた指導」を学習者視点から整理した概念が「個別最適な学び」であると説明している。

　すなわち，「個別最適な学び」と「個に応じた指導」は，同一の教育活動を異なる側面から整理したものである。したがって，「個別最適な学び」という特別な指導方法があるのではなく，「個に応じた指

導」を充実させると考えると分かりやすいだろう。

「個別最適な学び」すなわち「個に応じた指導」の具体的な取組を考える際、「指導の個別化」と「学習の個性化」という考え方を踏まえる必要がある。同答申の「『個別最適な学び』を進められるよう、子供の実態に応じて、これまで以上に子供の成長やつまずき、悩みなどの理解に努め、個々の興味・関心・意欲等を踏まえてきめ細かく指導・支援することや子供が自らの学習の状況を把握し、主体的に学習を調整することができるよう促していくことが求められる」、「全ての子供たちの可能性を引き出す、個別最適な学びと、協働的な学びを実現するためには、学校教育の基盤的なツールとして ICT は必要不可欠なものである」といった記述も参考になる。また、「『個別最適な学び』が『孤立した学び』に陥らないよう…子供同士であるいは地域の方々をはじめ多様な他者と協働しながら…必要な資質・能力を育成する『協働的な学び』を充実することも重要である」という記述にも着目したい。

●作成のポイント

序論、本論、結論の三段構成で論じる。

序論では、なぜテーマである「個に応じた指導」の充実が求められているのか、自分自身の考えを述べる。その際、「児童はそれぞれ能力・適性、興味・関心、性格等が異なっており、また、知識、思考、価値、心情、技能、行動等も異なっている」という児童生徒観、「子供の学びは個々の子供によって異なる」という学力観に即した考えを示すことが重要である。そのうえで、「個に応じた指導」を進めるための教育活動の視点を示す。また、ここで「指導の個別化」と「学習の個性化」という考え方を示すことも考えられるだろう。

本論では、「個に応じた指導」を進めるための具体的な方策について、自身の受験する校種や教科に即して二つ程度に整理して論述する。そのポイントは、「指導の個別化」と「学習の個性化」である。

結論では、すべての教育活動で個性を生かし、伸ばすために「個に

応じた指導」を充実させていくという決意を示して，論作文をまとめる。

【高等学校教諭等・2次試験】　50分　600字以上1000字以内(1000字詰原稿用紙1枚)

●テーマ

「栃木県教育振興基本計画2025―とちぎ教育ビジョン―」では，「とちぎに愛情と誇りをもち　未来を描き　ともに切り拓くことのできる　心豊かで　たくましい人を育てます」を基本理念としています。

あなたが考える「心豊かで　たくましい人」とはどのような力を持った人か。また，その力を児童生徒に身につけさせるため，教員としてどのような取組をしていこうと考えるか書きなさい。

●方針と分析

(方針)

とちぎ教育ビジョンにある「心豊かでたくましい人」とはどのような人だと考えるか，またその重要性と合わせてまず述べる。そのうえで，「心豊かでたくましい人」を育成するためにどのような取組をしていくか具体的に論じる。

(分析)

栃木県教育振興基本計画「とちぎ教育ビジョン」では，教育をめぐる社会の状況を人口減少・高齢化の進展，著しい技術革新，グローバル化の進展，変化する地域コミュニティ，自然災害や感染症等の流行があるとしたうえで，次代を担う子供たちに予測困難なこのような時代をたくましく生き抜く力を育むことを特に重視し，基本理念を「とちぎに愛情と誇りをもち未来を描きともに切り拓くことのできる心豊

かでたくましい人を育てます」としていることが本設問につながっている。

　学習指導要領解説総則編では，「生きる力」を育成することの重要性を示したうえで，「各学校の創意工夫を生かした特色ある教育活動を通して，児童に確かな学力，豊かな心，健やかな体を育むことを目指す」としている。ここに，設問のテーマである「心豊かでたくましい人」の基本となる考え方が存在している。さらに「豊かな心」に関わっては，「道徳教育や体験活動，多様な表現や鑑賞の活動等を通して，豊かな心や創造性の涵養を目指した教育の充実に努めること」を示している。そのうえで，「創造性とは，感性を豊かに働かせながら，思いや考えを基に構想し，新しい意味や価値を創造していく資質・能力であり，豊かな心の涵養と密接に関わるものである」と説明している。ここに「心豊かでたくましい人」とはどのような人か考えるきっかけがあるだろう。

　また，「とちぎ教育ビジョン」では，先述した基本理念に基づいて，具体的な教育活動の目標として「学びの場における安全を確保する」，「一人一人を大切にし，可能性を伸ばす」，「未来を切り拓く力の基礎を育む」，「自分の未来を創る力を育む」，「豊かな学びを通して夢や志を育む」，「教育の基盤を整える」という6つを掲げているため，具体的な取組を考える際の参考にしたい。

●作成のポイント

　序論，本論，結論の三段構成で論じる。

　序論では，テーマである「心豊かでたくましい人」とはどのような人か，自分自身の考えを述べる。その際，確かな学力，豊かな心，健やかな体を三つの構成要素とする「生きる力」の育成が基本となることを念頭に置いて述べるようにしたい。そのうえで，変化の激しい社会の現状に関連付けて，「心豊かでたくましい人」を育成することの重要性を論じる。

　本論では，「心豊かでたくましい人」を育てるための具体的な方策

について，自身の受験する校種や教科に即して述べる。その視点としては，道徳教育や特別活動の充実，体育健康教育の推進，主体的・対話的で深い学びの実現など様々考えられるだろう。どんな視点を選んでも構わないが，異なった視点から二つ程度に整理して論述するようにしたい。

　結論では，本論で述べた取組を貫く基本的な考え方などを含め，栃木県の教員としてすべての教育活動を通して「心豊かでたくましい人」を育成していくという決意を示して，論作文をまとめる。

2022年度　論作文実施問題

【小学校教諭等・2次試験】　50分　600字以上1000字以内(1000字詰原稿用紙1枚)

●テーマ

本県の児童生徒の体力を見ると，運動時間の減少や，運動をする子としない子の二極化等が懸念されている。

そこで，小学校において体力向上を推進するにあたり，あなたが大切だと考えることは何か，理由を含めて書きなさい。また，児童の体力向上に向けて，日々の教育活動の中でどのような取組をしていきたいか，具体的に書きなさい。

●方針と分析

(方針)

小学校児童の体力向上を推進するために，自身が必要と考えていることとその理由，教員として取り組みたい教育活動について，具体的に論述する。

(分析)

本テーマに関しては，文部科学省が策定した「スポーツ基本計画(令和4年3月)」における現状分析の中で，「運動時間は小・中学生ともに平成29年度をピークに減少しており，運動をする子供としない子供で二極化が続いている」ことを，国全体の問題として指摘している。

中央教育審議会の答申「子どもの体力向上のための総合的な方策について」(平成14年9月)などを参考にすると，子どもの体力向上に必要なことは，子どもが運動が楽しいと思える動機付けをすること，運動を楽しませる工夫を取り入れること，子どもが自分のペースで運動に

取り組み，成果を実感できたり，子どもたちで努力を分かち合ったりできる機会を増やすこと，最終的に日常生活において身体を動かす習慣を付けさせること，等が示されている。

　スポーツ庁調査による，小学5年生と中学2年生を対象とした令和3(2021)年度全国体力テストの結果によれば，栃木県の体力基本テスト項目8種目合計点(80点満点)の平均値は，小5男子が51.74点で全国39位，小5女子は54.96点で22位，中2男子は41.35点で33位，中2女子は49.40点で19位と低迷している。特に小5男女の体力合計点は，平成20(2008)年度の調査開始以来最も低くなった。

　栃木県における取組としては，3歳から11歳までを対象とした子どもの「体力向上サポートプログラム」を制作し，年齢に応じて推奨すべき活動を提唱している。小学校低学年では「玉投げ」「玉入れ」「けんぱ」「馬跳びリレー」など，中学年では「ボール投げゴルフ」「なわとび」「リレー」「コーン倒し」など，高学年では「ドッジボール」「鬼ごっこ」「ロープジャンプ」などの取組が例に挙げられている。本論では，体育の授業や課外活動において，こうした遊びの要素を取り入れた体力づくりを，自身が教員として行う取組を例に挙げながら，論述することが考えられる。

●作成のポイント

　2点の内容について問われていることから，たとえば前・後半に分けて文章を構成する。前半では小学校児童の体力向上を推進するにあたり，自身が大切だと考えることは何か，その理由を含めて記述する。後半では，教員の立場から，児童の体力向上に向けて，日々の教育活動の中でどのような取組をしていきたいか，具体例を挙げて論述する。本テーマについては解答内容の方向性がほぼ決まっているので，具体例では自身が児童の立場に立って継続的に取り組んでみたいと思うような運動や活動を提示すれば，より説得力が増すだろう。最後に，栃木県の教員として何をもっとも大切にして指導をしていくかという決意を述べて，まとめとしたい。

【中学校教諭等・2次試験】　50分　600字以上1000字以内(1000字詰原稿用紙1枚)

●テーマ

> ICT機器が身近になり，学校教育においても様々な場面で活用されている。一方で，SNS等の不適切な使用により，児童生徒がトラブルに巻き込まれるケースも後を絶たない。そのような中，児童生徒の「情報活用能力」(情報モラルを含む。)の育成を図ることが重要であると言われている。
>
> そこで，あなたが教員として，児童生徒の「情報活用能力」(情報モラルを含む。)を育成するために具体的にどのような取組をしていきたいか，理由を含めて書きなさい。

●方針と分析

(方針)

　児童生徒の情報活用能力の育成のために，自身が教員として取り組みたい内容について理由も含めて記述する。

(分析)

　文部科学省発行「教育の情報化の手引」(令和元年12月)によれば，情報活用能力とは「世の中の様々な事象を情報とその結び付きとして捉え，情報及び情報技術を適切かつ効果的に活用して，問題を発見・解決したり自分の考えを形成したりしていくために必要な資質・能力」であるとしている。より具体的には「学習活動において必要に応じてコンピュータ等の情報手段を適切に用いて情報を得たり，情報を整理・比較したり，得られた情報を分かりやすく発信・伝達したり，必要に応じて保存・共有したりといったことができる力」とされ，さらに「このような学習活動を遂行する上で必要となる情報手段の基本的な操作の習得や，プログラミング的思考，情報モラル等に関する資質・能力等も含む」としている。

　　また，情報モラルの学習については，小学校学習指導要領解説総則編(平成29年7月)において，①他者への影響を考え，人権，知的財産権など自他の権利を尊重し，情報社会での行動に責任をもつこと，②犯罪被害を含む危険の回避など情報を正しく安全に利用できること，③コンピュータなどの情報機器の使用による健康との関わりを理解すること，と示されている。

　　こうした内容を踏まえ，児童生徒の「情報活用能力」を育成するために自身が具体的にどのような取組をしていきたいかについて，その分野を選んだ理由(たとえば個人の関連スキルや経験，実績や興味関心など)とともに論述することが必要である。

●作成のポイント

　　文章を前・後半に分けて書く。前半では，情報活用能力の定義および，それを育成するための教育のポイントについてまとめる。後半では，自身が教員として取り組む担当教科の授業において，どのように情報活用能力育成のための取組を行うか，具体的な指導の展開を想定して論述するとよい。たとえば理科分野では，各種観察・実験結果を動画編集して整理する，あるいはデータを統計処理ソフトで整理し，結果をプレゼンテーションソフトでまとめて発表するといった試みが報告されている。その際に，必要に応じてICT機器や汎用ソフト，アプリの基本操作，プログラミングの指導や，個人情報保護など情報モラルの基本に関する理解を定着させる授業内容を盛り込んでもよい。また，当該の授業を通じて期待される成果，達成目標についても触れておくことが望ましい。

　　さらに，情報モラルの学習については，小学校学習指導要領(平成29年告示)においては，主に社会科や道徳科，総合的な学習の時間に実施することが提示されており，たとえばネット依存やネット詐欺などの被害，SNS上のトラブルや個人情報の漏洩に対するセキュリティ保護といった項目への対応の仕方を指導する旨が示されている。こうした内容から，自身が取り組みたい事例を選んで具体的に論述するとよい。

　最後に，栃木県の教員として何をもっとも大切にして指導をしていくかという決意を述べて，まとめとしたい。

【高等学校教諭等・2次試験】　50分　600字以上1000字以内(1000字詰原稿用紙1枚)

●テーマ

> 　児童生徒がよりよく自己実現を図っていくためには，社会との相互関係を保ちつつ，自分の未来を創る力を育むことが重要である。あなたの考える「自分の未来を創る力」とは何か。また，その力を身につけさせるためにどのような取組をしていこうと考えるか書きなさい。

●方針と分析

(方針)

　自身が考える「自分の未来を創る力」について述べるとともに，児童生徒にその力を身に付けさせるための教員としての取組について論述する。

(分析)

　栃木県教育委員会策定の「栃木県教育振興基本計画2025」では，基本目標の一つとして示されている「自分の未来を創る力を育む」については，三つの基本施策が示されている。一つ目は，「自己指導能力を育む児童・生徒指導の充実」である。自己指導能力とは，自己受容と自己理解を基盤に，目標達成に向けて，自発的・自立的に自らの行動を決断し，実行する力のことであり，生徒指導の根幹でもある。主な取組は，学業指導の充実や，教育相談・支援体制の充実などである。二つ目は，「社会に参画する力を育む教育の充実」である。社会の形成者としての資質・能力を育む教育の充実や，SDGsが掲げる課題を学

習活動に位置付けることなどによる持続可能な社会の創り手を育む教育の推進などが，主な取組である。三つ目は，「キャリア教育・職業教育の充実」である。これらの施策の内容等が，論述の足がかりとなる。

さらに，平成27(2015)年11月の文部科学省中央教育審議会の分科会で答申された初等中等教育向けの論点整理「2030年の社会と子供たちの未来」においては，「新しい時代と社会に開かれた教育課程」として，グローバル化や情報化，技術革新による変化による予測困難な時代を生き抜く子どもたちのため，学校教育は何を準備しなければならないのかという問いが問題提起されている。また，今回の学習指導要領改訂においては，中央教育審議会答申(平成28年12月)を受けて，これからの社会を生きるために必要な力として育成を目指す三つの資質・能力を示している。

こうした栃木県の計画や政府答申の内容等を踏まえ，自身が教員として担当教科の授業や課外活動の中で，自分の未来を創る力を育むために，自身が実践したい取組について具体的に論述していきたい。

●作成のポイント

たとえば論述構成は前後半の2部構成とし，前半で自身が考える「自分の未来を創る力」の定義とその育成の理由について論述し，後半では教員として教科指導や課外活動を通して，このような力を児童生徒に身に付けさせるための方法を，具体的に提示・説明するとよいだろう。

前半部分の起点としては，「栃木県教育振興基本計画2025」における基本目標の一つである「自分の未来を創る力を育む」に示されている基本施策のうちのどれかに絞るなどして，論述を展開していくとよいだろう。児童生徒が自分の未来を創る力を養成するための教育として，栃木県教育委員会が想定している内容は，自己指導能力の育成であり，社会に参画する力の育成であり，キャリア教育・職業教育の充実である。それは，児童生徒の将来の自己実現に向けた社会性及び確

かな学力の育成を図ることを基軸として，持続可能な社会の創り手の育成やキャリア教育・職業教育の充実などが柱となると思われる。そこに，プログラミング教育，ICT教育や外国語教育，国際社会に関する知識の習得を含むグローバル教育といった内容のいくつかを具体的な指導事項として加味していくことも考えられる。ちなみに，先述の中央教育審議会が示す「三つの資質・能力」は，国が推進している「主体的・対話的で深い学び」の実践につながる視点であるため，後半では自身の担当教科や総合的な学習の時間等における，ディベートやディスカッション，グループワークやプレゼンテーションなどを含めたアクティブ・ラーニングの取り入れ方と期待される成果について，具体例を挙げて論述を展開してもよい。

　最後に，栃木県の教員として何をもっとも大切にして指導をしていくかという決意を述べて，まとめとしたい。

2021年度　論作文実施問題

【全校種・2次試験】50分　600字以上1000字以内

●テーマ

> 栃木県では，「教え育てる道徳教育」を推進し，道徳教育の充実を図っているが，あなたは，児童の道徳性を養うためにどのような取組をしていきたいか，理由も含めて書きなさい。

●方針と分析

(方針)

　栃木県が「教え育てる道徳教育」を推進し，道徳教育の充実を図っていることをふまえて，自分が児童の道徳性を養うためにどのような取組をしていくのかにつき論述する。

(分析)

　本問の検討に当たっての参考資料として，「栃木県道徳教育ハンドブック」(2020年3月　栃木県教育委員会)を挙げたい。本ハンドブックは，教師による授業改善や道徳教育の一層の充実を図るため作成されたもので，各学校で実践されている道徳教育の内容を確認したり，「特別の教科　道徳」の授業を検討したりするうえで留意すべきことを中心にまとめられている。内容は「教える編」，「育てる編」，「授業改善のためのQ&A」から成り，本問で言及している「教え育てる道徳教育」について詳細に解説されている。

　「教えること」とは，「日常的な生活場面を含む学校生活全体を通して，自らの判断により，適切な行為を選択し，実践できるように道徳的価値を意識させながら繰り返し指導する」ことであり，「育てること」とは，「道徳科の授業を中心として，道徳的諸価値についての理

解を基に，自己を見つめ，物事を多面的・多角的に考え，自己の生き方や人間としての生き方についての考えを深めさせる」ことである。

本ガイドブックには，具体的な指導のイメージとして，「友人に悪口を言っている児童生徒に対する指導」の場面が例示されている。この場合の「教えること」は「学校生活の中で指導すべき場面を見逃さず，その場で指導する」ことであり，一方「育てること」は「道徳科の授業を中心として，心情面に働きかける」ことである。さらに，双方につき留意すべき点について解説されている。

「教えること」と「育てること」は相互に関連づけられるべきものであり，その上で，人としてよりよく生きるための基礎となる道徳性が育まれる。栃木県では，児童生徒に身に付けてほしい指導事項を「とちぎの子どもたちへの5つの教え」として掲げ，「人として，してはならないこと，すべきこと」の具体例を，学年段階ごとに示している。例えば，小学校3学年及び第4学年の指導事項は「正しいことを進んで行う，身近な人々と協力し助け合う，自分と違う考えも大切にする，過ちを素直に改める，約束やきまりを守る」である。学年間の連続性をふまえ，「教える」指導においては，5つの教えを意識した主体的な取組が望まれている。これらの5つの教えの中から一つを選択し，それをどのように育てるべきか考察・論述するのがよいだろう。

●作成のポイント

ここでは，序論・本論・まとめの構成で論述する例を挙げる。

序論では，栃木県が推進する「教え育てる道徳教育」がどのようなものかを，200字程度で端的に説明したい。

本論では，「教えること」と「育てること」を関連づけながら，自分がどのような取組をしたいかを，700字程度で具体的に説明したい。まとめとして，100字程度で，教職についたならば記述したことを必ず実行するという決意を述べ，教職への熱意を示したい。

●テーマ

　とちぎの求める教師像では，「確かな指導力」が掲げられているが，あなたが考える「指導力」とは何か。また，その「指導力」をどのように身に付けていきたいか，書きなさい。

●方針と分析

　「とちぎの求める教師像」で掲げられている「確かな指導力」をふまえ，自分が考える「指導力」を示した後，その「指導力」をどのように身に付けていきたいかにつき論述する。

(分析)

　まず，「とちぎの求める教師像」がどのようなものかを確認してみる。ウェブ上に公開された栃木県のリーフレットによれば，「とちぎの求める教師像」とは「自信と誇りをもって子どもたちと向き合える教師」のことであり，具体的には「①人間性豊かで信頼される教師」，「②幅広い視野と確かな指導力をもった教師」，「③教育的愛情と使命感をもった教師」であると示されている。一般論として，教師に求められる「指導力」には，教科指導力，生徒指導力，校務分掌力，保護者対応力等があるが，②の「指導力」の内容につき，まず自分なりに考えなければならない。その参考になるものとして「栃木県教員育成指標(教諭)」及び「栃木県教員育成指標の概要」を挙げたい(以下，それぞれ「指標」，「概要」と略す)。

　「概要」では，教員のキャリアステージを「採用時〜ステージⅣ」までに分類し，各ステージのキーワードを提示している。そのうち，ステージⅡ(おおむね6年目〜10年目)には，「実践的指導力の習得」と「同僚との連携・協働」が示されている。

　この「実践的指導力」の内容を考察するために，ステージⅡの指標を細かく見ていこう。まず全体指標として「専門的な知識・技能や，新たな教育課題に対応する実践的指導力を身に付けるとともに，同僚と協働しながら職務を遂行している」旨が最初に示されている。続け

て，「学習指導全般」についての指標として「指導資料の活用や研修会への参加，同僚との情報交換等を通して，児童生徒の主体的な学びを促す学習指導の工夫・改善を図っている」旨が示され，さらに「指導計画等の立案・実施」等，いくつかのポイントに分けて指標が示されている。また「児童・生徒指導全般」についても，「指導資料の活用や研修会への参加，同僚との情報交換等を通して，指導の工夫・改善を図っている」旨が示され，さらに「児童生徒理解」等いくつかのポイントに分けて指標が示されている。こうした記述を参考に，自分が特に伸ばしたいと思う指導力を考察したい。

　また，「指導力」の考察に当たり，中央教育審議会答申「教職生活の全体を通じた教員の資質能力の総合的な向上方策について」(平成24年8月28日)を参考することもよいだろう。本答申では，これからの教員に求められる資質能力のひとつとして「新たな学びを展開できる実践的指導力」を挙げ，その内容は「基礎的・基本的な知識・技能の習得に加えて思考力・判断力・表現力等を育成するため，知識・技能を活用する学習活動や課題探究型の学習，協働的学びなどをデザインできる指導力」であると示している。

●作成のポイント

　ここでは，序論・本論・まとめの構成で論述する例を挙げる。

　序論は，自分が思うところの教師が身に付けるべき「指導力」を，200～300字程度で理由を含めて説明したい。

　本論では，その指導力をどのように身に付けていきたいかを500～600字程度で論述したい。その論述においては，「同僚との協働」という点に言及したい。

　最後にまとめとして，その「指導力」を身に付けるべく研修に勤しむことなどを100字程度で記述し，教職への熱意を示したい。

2020年度　論作文実施問題

【全校種・2次試験】　50分　600字以上1000字以内

●テーマ

> 　社会の進歩や変化が急激に進む中，今の子供たちには，予測困難な社会を生き抜いていく力が必要とされている。このような力を子供たちに身に付けさせるために必要な教員の資質能力とは何か，また，その資質能力を身に付けるためにどのような取組をしていくか，具体的に書きなさい。

●方針と分析

(方針)

　これからの予測困難な時代を生きていく子供たちにどのような力を身に付けさせていったらよいのかを述べ，そのために教師に求められる資質能力を示す。そのうえで，そうした資質能力を身に付けるためにどのような取組をしていくか論じる。

(分析)

　新学習指導要領では新たに設けられた前文の中で，「これからの学校には，一人一人の児童生徒が，自分のよさや可能性を認識するとともに，あらゆる他者を価値のある存在として尊重し，多様な人々と協働しながら様々な社会的変化を乗り越え，豊かな人生を切り拓き，持続可能な社会の創り手となることができるようにすることが求められる。そのために，それぞれの学校において，必要な学習内容をどのように学び，どのような資質・能力を身に付けられるようにするのかを教育課程において明確にする」ことの重要性を強調し，具体的な資質・能力として次の三つの柱に整理している。

①何を理解しているか，何ができるか（生きて働く「知識・技能」の習得）

②理解していること，できることをどう使うか（未知の状況にも対応できる「思考力・判断力・表現力等」の育成）

③どのように社会・世界と関わり，よりよい人生を送るか（学びを人生や社会に生かそうとする「学びに向かう力・人間性等」の涵養）

そうした力を身に付けさせるために，教師に求められる資質能力は「教育に対する熱意と使命感」「豊かな人間性」「教育者としての専門性」「組織人としての責任感」などである。このような教師としての資質能力を身に付けるために，日々の教育活動の工夫改善，研修への参加，先輩や同僚からの学びなどが考えられる。

●作成のポイント

序論，本論，結論の三段構成で論じる。指定された文字数は600字から1000字と幅があるので，できるだけ1000字に近い文字数にする。最低でも800字は必要である。

序論では，まず，これからの予測困難な時代を生きていく子供たちにどのような力を身に付けさていったらよいのかを述べる。そのうえで，設問に答えて子供たちに力を身に付けさせる力と関連させて教師に求められる資質能力を示す。

本論では，序論で示した教師に求められる資質能力を身に付ける方策について，2～3つの視点から論述する。その方策は単なる抽象論ではなく，自分が志望する校種や専門とする教科に関連した具体的な取組を論じることが重要である。

結論は，本文で書けなかったことにも触れながら教師に求められる資質能力を身に付け，これからの時代を生きていく子供たちを育てるという決意を述べてまとめとする。

2019年度　論作文実施問題

【全校種・2次試験】　50分　600字以上1000字以内

●テーマ

> 児童生徒にとって「魅力ある教師」とはどのような教師であると考えるか。また，あなたがそのような教師になるために，どのような研さんを積んでいきたいか，具体的に書きなさい。

●方針と分析

(方針)

「魅力ある教師」とはどのような教師であるかを説明した後で，そのような教師になるための研さん方法を具体的に論述する。

(分析)

本題では，栃木県教育委員会が定めた「とちぎの求める教師像」を軸にして考えると，作文を展開しやすいと思われる。「とちぎの求める教師像」とは，「人間性豊かで信頼される教師」「幅広い視野と確かな指導力をもった教師」「教育的愛情と使命感をもった教師」を指す。軸にして，というのは3つの教師像の全部，または一部を使って作文を展開するという意味であり，教師像に賛成・反対のどちらでも構わない。しっかりとした論拠を持って，自身にとっての「魅力ある教師」を論じればよいだろう。

研さん方法について，例えばコミュニケーション能力を向上させるのであれば，外部講座の受講，地域コミュニティの行事に積極的に参画するといったことがあげられる。研さん方法はそのほかにも読書や他校や他業種との交流なども考えられるだろう。いずれにしても，確たる解答がなく，理論さえ整っていれば適切・不適切を判断しかねる

課題なので，自身の追い求めたいものを自由に発想し，それを実現するための現実的な方法を述べれば問題ないと思われる。

●作成のポイント

　作文なので論文と比較して，形式や論拠に強くこだわる必要はない。とはいえ，書式にひな形があると，文章が書きやすくなるケースも多いので，「序論・本論・結論」や「起承転結」をイメージしながら文章を構築するとよい。また，作文を展開するには，ある程度の根拠は必要になるので，あらかじめ問われそうなテーマに関するキーワードを，いくつか準備しておくことも有効である。

　文字数に幅があるので，多く書けば採点が有利になるのではと考える受験生もいるかもしれないが，規定字数内であれば特に問題はないだろう。むしろ，字数稼ぎを行ったため，かえって論点がぼやけ，訴求力が落ちることを心配したい。

　試験時間が短いので，キーワードを決めながら文章構成を決め，その際，文字に過不足が出たら調整するといった手順が考えられる。いずれにしても，模擬試験などで時間内に自身がどれだけできるか試してみるとよい。作文だと安易に考えず，十分な準備が合格につながると考えて臨みたい。

【全校種・2次試験】　600字以上1000字以内　50分

●テーマ

「友人関係で悩みを抱えた児童生徒への指導」について，あなたが大切だと考えることは何か。その理由も含めて書きなさい。

また，そのことに関し「他の教職員との連携」という視点に立ち，あなたが教員として取り組んでいきたいことは何か，具体的に書きなさい。

●方針と分析

(方針)

まず，友人関係で悩みを抱えた児童生徒への指導において重要なこと，およびその理由を説明する。次に，他の教職員との連携という視点に立って，受験者が教員として具体的にどういうことに取り組んでいきたいのかを説明する。

(分析)

児童生徒同士のトラブルには，いじめや仲間はずれ，暴力行為へ発展したり，教職員の介入によってかえって児童生徒同士の人間関係が悪化したりしないような指導が求められる。それぞれの児童生徒の訴えや情報について，複数の目で客観的に分析しながら指導に当たりたい。

「他の教職員との連携」については，まず「児童生徒への適切な指導のヒント事例集」(平成28年3月，栃木県総合教育センター)が参考になる。同資料では，友人関係を含む様々な問題を抱えている児童生徒の事例と，それぞれの事例における担任としての関わり方，学校とし

40

ての組織的な対応の進め方，保護者・他機関との連携の図り方の例が示されている。新卒など現場経験のない場合はこうした資料から対応について想像しておき，自分なりの考えを記すとよいだろう。なお講師などを経験している場合は，自分の経験に基づき取り組みたいことを書くことが有効と考えられる。

　なお，関係する児童生徒の置かれている環境に問題が及ぶ場合など，校内における支援だけでは解決が困難であると感じられる場合は，スクールソーシャルワーカー派遣の要請を検討することも重要である。「スクールソーシャルワーカー活用ガイドブック」(平成29年3月，栃木県教育委員会)のⅠ「スクールソーシャルワーカーの活用」中には，「事案について「児童生徒が困っていることは何か」，「改善すべき問題行動等は何か」などを，あらかじめ校内で協議し，明らかにしておくことが大切」とある。他の教職員と連携しこれらの事項を明らかにしておくことの重要性に言及してもよいだろう。

●作成のポイント

　序論・本論・結論の三段構成を心がける。

　序論では，友人関係で悩みを抱えた児童生徒への指導において重要だと考えることと，その理由を簡潔に説明する。字数は150字程度でよい。

　本論では具体例を挙げながら，序論で述べた事項が重要である理由と，その実現のために他の教職員とどのように連携していくかについて述べる。具体例を挙げる際は，想定する児童生徒の発達段階が受験する校種に即するよう注意しよう。字数は，理由を300字程度，他の教職員との連携を400字程度でまとめる。

　結論では，学校全体の指導体制を確立し，教員間の緊密な連携を図ることの重要性を書けばよいだろう。字数は150字程度を目安とする。

2017年度　論作文実施問題

【全校種・2次試験】

●テーマ

> 　道徳教育は，学校の教育活動全体を通じて行うものです。
> 　児童生徒の道徳性を養うために，あなたが最も重要だと考えることは何か，その理由も含めて書きなさい。
> 　また，そのことに関し，あなたが教員として，取り組んでいきたいことは何か，具体的に書きなさい。
>
> ※字数制限は600字以上1000字以内(1000字詰原稿用紙1枚)
> ※時間は50分間

●方針と分析

(方針)

　まず，「児童生徒の道徳性を養うために，自分が最も重要だと思うこと」を，理由とともに論述する。次に，「そのために自分が教員として取り組んでいきたいこと」を具体的に論述する。

(分析)

　栃木県教育委員会は現職教員のために「現職教育資料」を発行している。その第463号「学校における道徳教育の充実～道徳教育の基本的な理解のために～」の中で，「道徳性」を，道徳的心情，道徳的判断力，道徳的実践意欲，道徳的態度を要素とする「道徳的実践力」と道徳的行為と道徳的習慣を要素とする「道徳的実践」の2つにわけて解説している。栃木県教育委員会はこの道徳性の育成について「教え

育てる道徳教育」を推進している。これは，道徳性を育成するために「教えること」(主として道徳的実践の指導)と「育てること」(主として道徳的実践力の育成)をともに大切にしながら，互いに関連付けて指導する教育活動である。本問は上記の道徳教育についての捉え方を踏まえて，道徳性の育成のために自分が最も大切に思うことなどを論じる問題であると考える。その他，栃木県教育委員会は道徳教育に関する資料として「とちぎの子どもたちへの教え〜人として，してはならないこと，すべきこと〜」というリーフレットと，「「とちぎの子どもたちへの教え」指導事例集」を発行しているので，参照されたい。

●作成のポイント

　序論・本論・まとめの構成とするのがよいであろう。

　序論では，道徳教育は「道徳の時間」(あるいは「特別の教科　道徳」)を要として教育活動全体で行い，その目標は道徳性の育成であることが学習指導要領に規定されていることを述べた上で，その育成のために最も重要なことはなにかにつき以後論じていく旨を記載して本論につなげたい。分量としては100字程度が適切であると思われる。

　本論では，「分析」で説明したことを踏まえて自分なりに重要だと思うことを論述することになるが，その理由を説得的に論じたい。分量としては700字程度が適切である

　まとめは，本論の要点を簡潔に示した上で，自分が教職についたならば道徳教育に力を入れていきたい旨の記述が添えられればよい。分量としては150字程度が適切である。

2016年度　　論作文実施問題

【全校種・2次試験】

●テーマ

> 　児童生徒や保護者はもとより，広く社会から信頼される教員であり続けるために，あなたが考えるもっとも大切なことは何か。その理由も含めて書きなさい。また，そのために，あなたは，教育活動の中で，具体的にどのような取組をしていきたいか，書きなさい。
> ※字数制限は600字以上1000字以内。
> ※時間は50分間。

●方針と分析

（方針）

　広く社会から信頼される教員であるためにもっとも大切なことについて，その理由も含めて書く。また，そのために，教育活動の中で，具体的にどのような取組をしていきたいかを書く。

（分析）

　栃木県教育委員会の「とちぎ教育振興ビジョン(三期計画)」(平成23年3月)の中で，「とちぎの求める教師像」として「自信と誇りをもって子どもたちと向き合える教師」(「人間性豊かで信頼される教師」「幅広い視野と確かな指導力をもった教師」「教育的愛情と使命感をもった教師」)を掲げており，より具体的には，「優しさ(生きる上での素地となる力)」「聡さ(生きる上での基礎となる力)」「逞しさ(生きる上での土台となる力)」をはぐくむことのできる教師を求める，としている。この教師像を参考に，もっとも大切であると考えるものを論述の軸に据

えるとよいだろう。その上で，受験者自身が，その資質をなぜ重要視するのか，理由を説明する。さらに，教育活動の中で実践していく具体的な取組について，自分なりのアイデアを述べる展開となる。

●作成のポイント

　600字以上1000字以内の論述なので，全体を3〜4段落程度にわけるとよいだろう。特に注意すべきは，下記の3つのポイントを見落としたり，そこから逸れた内容にしないことである。

　1つ目のポイントは，1段目として，自分が最も大切な資質・指導内容だと思っている内容について記述することである。設問の要求に対して端的に答えるとともに，課題設定を明確化することで，本題から外れないようにするためである。ここは，100〜150字程度でまとめたい。

　2つ目のポイントは，1段目で自分が最も大切にしたい資質・指導内容を選んだ理由の説明をすることである。一例として，幅広い視野と確かな指導力をもつという事柄をあげたとする。理由としては，次のようなものが考えられる。社会や理科などの多様な知識を求められる教科で，児童生徒から少し高度な質問を受けたときに，うっかり相手に知らないと答えてしまう。教員であっても知らないことがあるのは当然だが，それをそのまま放置すれば，児童生徒の質問・疑問を尊重しないばかりか，回答という大事な使命を放棄したことになる。その事実は，たちどころに児童生徒を通じて保護者やその周囲にも知れてしまい，教員としての信用が失墜する。通常はいくら指導に熱心でも，その一瞬のために尊敬されない教員と言われてしまう一因になりうるのである。そこで教員は，普段から論文や専門誌を読んで勉強しておくなど，自己研鑽を絶えず続け，児童生徒の探究心を上向かせることで，幅広い視野と確かな指導力を示し，信頼を獲得する必要があるという理由説明ができる。おおむね350字程度を目指すが，400字近くになるようであれば，2段落に分けてもよい。

　3つ目のポイントは，教育活動における自分なりの具体的方策につ

いての説明である。前述の例を生かすなら，教員でもわからないような ことを，児童生徒と一緒に考える時間を多くとるというものがある。 すなわち，生活の中で得られる学び，理科の実験や校外学習を通じた 学びの機会を多くする。その際，教員として行うべきこととして，授 業や実習時に，お互いの意見や作品を発表するような授業をサポート する，児童生徒の優れたアイデアやユニークな意見を褒めるなどの活 動・指導をとおし，学びの意欲を高めていくといった展開が有り得る。

　最後には100字程度で論述した内容をまとめ，栃木県の教員として何 をもっとも大切にして指導をしていくかという決意を述べておきたい。

2015年度　論作文実施問題

【全校種・2次試験】

●テーマ

> 　子どもたちの豊かな人間性や社会性をはぐくむために，あなたが教育活動の中で重要だと考えることは何か，その理由も含めて書きなさい。また，そのために，あなたは教員として具体的にどのような取組をしていきたいか，書きなさい。
> ※字数制限は，600字以上1000字以内である。
> ※時間は，50分間である。

●方針と分析

(方針)

　子どもたちの豊かな人間性や社会性をはぐくむために，①教育活動の中で重要だと考えることとその理由，②その実践のために，教員として具体的にどのような取組をしたいか，の2点について論述する。

(分析)

　人間性や社会性をはぐくむことは，すべての教育活動のなかで行われなければならない。具体的にどのような事柄を思い浮かべることができるだろうか。2011年から2015年にかけての栃木県教育振興基本計画「とちぎ教育振興ビジョン(3期計画)」(平成23年3月)では，栃木県の教育目標「とちぎの教育が目指す子ども像」として「身心ともに健康な子ども」「主体的に考え表現できる子ども」「ねばり強く頑張る子ども」「自他の存在を尊重し協同する子ども」「すすんで社会とかかわり行動する子ども」を掲げており，これを実現するために6つの視点とそれに基づく33の重要施策を設定している。その中から人間性や社会

47

性をはぐくむために重要だと思われる視点や施策を想起できれば，解答をまとめやすくなるだろう。たとえば，「豊かな心と健やかな体をはぐくむ教育の推進」という視点による施策として「読書活動の推進」が設定されている。具体的な取組として，学級で「家読」などの活動をすすめ，子どもの読書活動の活性化と家族の絆を強めることで，豊かな人間性を培うことなどが考えられるだろう。

受験地の教育計画・施策はひととおりおさえておくことが望ましいが，これらの内容を知らなくても，教育において自分が重要であると思うことについて，日頃よりさまざまな視点で考察し，自分の意見をもっておきたい。学習指導をはじめ，学級活動，クラブ活動などにおける教育活動の中で，どのような教育効果をねらい，どのような取組をしたいか，具体的な場面を思い描きながら，自分が大切にしたいことを述べよう。最終的に示される主張から，栃木県の求める教師像である「自信と誇りをもって子どもたちと向き合える教師(人間性豊かで信頼される教師，幅広い視野と確かな指導力をもった教師，教育的愛情と使命感をもった教師)」としての資質，能力，意欲が感じられるように論述したい。

●作成のポイント

まず，人間性や社会性をはぐくむことの大切さについて，受験生自身が考えることを述べる。いじめなどの学校を取り巻く問題につなげてもよいだろうし，自分の経験から述べてもよい。本論への導入的内容として，100〜200字程度をめやすとしたい。

次に，教育活動の中で重要だと考えることについて述べる。具体的にどういう力を育てたいのか，それを書くことで，理由について述べることにつながるだろう。さらに，その力を育てるために自分はどのような取組をしたいかを述べていく。具体的な取組については，いくつかを列挙したい。重要だと考えること・理由と取組で段落を分け，全部で600字程度をめやすとしたい。

最後に，まとめとして，子どもにどう育ってほしいと願っているの

か，自分の育てたい「子ども像」について200字程度をめやすとして述べたい。「とちぎの教育が目指す子ども像」と関連する内容だとなおよいだろう。

2014年度　論作文実施問題

【全校種・2次試験】

●テーマ

　　自己指導能力とは，「自己受容や自己理解をもとに，目標達成に向けて自発的・自律的に自らの行動を決断，実行する力」のことである。学校生活のあらゆる場や機会において，児童生徒の自己指導能力をはぐくむために，あなたは教員として日々の教育活動の中で，具体的にどのような取組をしようと考えていますか。あなたの考えを書きなさい。
　　※試験時間は50分，600～1,000字とする。

●方針と分析

（方針）
　　「自己指導能力の育成」に関する自身の考えを書き，その後に「育成のため」の具体的な取り組みを述べる。

（分析）
　　「自己指導能力」の定義はさまざまだが，問題のほかに「その時，その場で，どのような行動が適切か，自分で考えて，決めて，実行する能力」ともいわれている。生徒指導の目的の1つが自己指導能力の育成であり，中学校学習指導要領解説 総則編で，自己指導能力が「生徒自ら現在及び将来における自己実現を図っていくため」に必要と位置づけられていることから，学校の教育活動全体を通して育成することが重要と考えられる。
　　自己指導能力は，教師が一方的な指導をしていては身につかない能

力である。生徒に対して，自分で決定する場を与えることで，生徒自身に自己存在感と相手を重んじる態度を育てなければならない。具体的な育成方法は生徒一人ひとりによって異なるものであるため，個別に対応する必要がある。育成の具体例として，プリントや提出されたノートに個別にコメントを書くことや，発言を最後まで聞く等があげられる。本問でも「日々の教育活動の中で」とあることから，習慣的な活動について示す必要があるだろう。

　そして，本問は作文課題であることから，データや資料などに基づいて論じる必要はなく，むしろ自身の経験や体験に基づいて感じたこと等を述べるとより具体的に，説得力のある内容になると思われる。

●作成のポイント

　以下に作成例を示すが，作文課題であるため，文章構成などよりも内容の一貫性や誤字・脱字などを重視したほうがよい。文字数も幅があるので，具体的に書く部分と端的に書く部分など，文章にメリハリも付けやすいと思われる。まずは論旨を明確にすることを心がけよう。

　序論では，「自己指導能力の育成」に関する自分の考えを述べる。ここで，現代の児童生徒を取り巻く環境を踏まえて書いてみてもよい。全体の4分の1程度でまとめること。

　本論では，序論で述べたことを踏まえて，具体的な取り組みを述べる。分析でも述べたが，画一的な指導では育成できないことが多いので，全体指導と個別対応などの使い分けを述べるとよいだろう。大事なことは児童生徒が自ら行動に移そうとする気持ちにさせることであり，自身の経験や知識を駆使しながらまとめるとよい。文量は全体の2分の1程度を目安にすること。

　結論は，今までの内容を簡潔にまとめて，教師としての決意を述べて文章を仕上げるとよい。ここで新しい話題や内容を出さないように気をつけること。全体の4分の1程度でまとめる。

2013年度　論作文実施問題

【全校種】

●テーマ

> 　児童生徒が自らの将来に対する夢やあこがれをもつために，あなたが最も大切だと考えることは何か，その理由も含めて述べなさい。また，そのために，あなたは教員として，児童生徒に対してどのような働きかけをしていきたいか，具体的に書きなさい。
> ○字数制限：600字以上1000字以内(1000字詰原稿用紙1枚)
> ○時間：50分間

●方針と分析

(方針)

　児童生徒が自らの将来に対する夢やあこがれをもつために，最も大切であると考えることを理由も含めて述べる。またそのための教員としての児童生徒に対する働きかけについて具体的に述べる。

(分析)

　我が国の児童生徒は年齢が上になるにしたがって，自らの将来に対する夢やあこがれ・思いが徐々に低くなっており，このことが青少年の自尊感情や自己存在感，自己有用感，勤労観・職業観などの低いことや意欲のもてない青少年の増加などにもつながっている。

　平成19年1月の中央教育審議会答申「次代を担う自立した青少年の育成に向けて〜青少年の意欲を高め，心と体の相伴った成長を促す方策について〜」でも，このテーマに関連して青少年期を「将来の夢や希望を抱いて自己の可能性を伸展させる時期とするとともに，自らの人生をどう設計していくかについて考える時期とする必要がある」と

52

述べている。

　また「児童生徒が自らの将来に対する夢やあこがれをもつ」ことについては，キャリア教育の必要性と理念，キャリア教育の内容においても関連するものである。

●作成のポイント

　作成に当たって，一般論ではなく自分の志望する校種を踏まえて述べることがポイントである。なぜなら，「自らの将来に対する夢やあこがれ」は児童生徒の発達段階によって異なり変化するため，それを踏まえた論述の内容も異なってくるからである。

　序論は200字程度で，児童生徒が「自らの将来に対する夢やあこがれ」をもつことの大切さ・重要性について述べる。その際，児童生徒の発達段階によって「自らの将来に対する夢やあこがれ」の内容は異なり変化することも述べる。

　本論は600字程度で，①前段には，児童生徒が「自らの将来に対する夢やあこがれ」をもつために最も大切だと考えることとそのように考える理由を述べる。②後段では，前段の内容を受けて自分の教員としての「働きかけ」に関する教育や指導の内容や方法を述べる。具体的な教育や指導の内容や方法については，学級担任として，特別活動はもちろんのことキャリア教育や関連教科や道徳などの学習指導などを通して，中学校・高等学校の場合は部活動の果たす意義を踏まえて教育や指導について述べる。

　結論は，児童生徒が「自らの将来に対する夢やあこがれ」をもつために大切なことの要点をまとめて，教員としての具体的な「働きかけ」について教育活動全体を通じて全力で行う決意を述べる。

53

2012年度　論作文実施問題

【全校種】

●テーマ

自尊感情とは，「自分を価値ある存在として尊重する感情」のことである。学校教育全般において，児童生徒一人一人の自尊感情を高めるための具体的な取組について，その必要性も踏まえ，あなたの考えを書きなさい。

●方針と分析

(方針)

今回の課題の中心である「自尊感情」に関しての自分の考えを示す。そして，自尊感情を高めるための具体的な取組について述べる二段構成で展開する。

(分析)

自分に自信を持つということは，学力向上だけではなく，人生を生きていく上に必要不可欠なものである。これは「生きる力」育成にも間接的に繋がっているということだ。

教師は児童生徒に自信をつけさせるために様々な取組をしていかなければならない。画一的な指導では，個々の児童生徒に対応しきれないのは当然といえよう。まずは，個々の児童生徒の実態を把握し，個人個人に合わせた指導をしていかなければならない。児童生徒との信頼関係を築くことも必要であり，そのためには児童生徒との積極的なコミュニケーションをとることが前提となってくる。一方的な訓辞ではなく，双方向で話す必要があるだろう。

●作成のポイント

　序論は，課題に対する自分の考えを述べる部分である。今回は「自尊感情」に関して特に示す必要がある。本論と関連づけられる内容になるように意識しておかなければならない。

　本論では，書き手であるあなた自身の実際の取組を書いていく。注意すべき点としては，課題に出ているように，「必要性も踏まえ」ることが大切である。たとえば，児童生徒と話し合うことを取組として挙げたのであれば，なぜそれが自尊感情を高めるのに必要なのかを述べる必要があるということだ。この根拠が弱いと文章全体が骨のないだらしないものになってしまうので，しっかりと構成をしていきたい。

　結論では，まとめと決意を示す部分である。まとめとは，この課題に対して自分が最も伝えたいところを述べる部分である。ここで，序論と本論に書かれていない話題を述べないように注意する必要がある。最後に，自分の決意を示して歯切れ良く文章を終えるといいだろう。字数は600字以上1,000字以内である。50分の制限時間を有効に使いたい。

●論文執筆のプロセス例

```
序論　160字程度
・自尊感情に対する自分の考えを述べる
・自分の考えが本論で述べることと関連するかを確
　認する
```

```
本論　480字程度
・取組について述べる
・序論との関連性を考える
・文字量は全体の3分の2程度を想定する
```

結論　160字程度

・まとめと自分の決意を述べる

・新しい話題を提示しないようにする

・まとめが今までの内容に適しているかを確認する

2011年度　論作文実施問題

【全校種】

●テーマ

> 教員に求められる「厳しさ」と「優しさ」とはどのようなことか。あなたの考えを書きなさい。また，これらを踏まえた指導において，どのようなことに留意するか。具体的に書きなさい。

●テーマの分析

学校という社会での生活では，様々な規則やルール，また習慣的なことがある。教師も児童生徒も，また関係する保護者も，そのきまりを厳正に守らなければならない。ただ，学校という集団生活に慣れない子どもは，しばしばそのきまりを忘れてしまう。そこに教育が存在するのであり，その教育担当者が教師であることを認識すべきだろう。学校教育においては「規則には厳しく，運用は弾力的に」なのだ。「褒める」と「叱る」との関係もこの点を踏まえて考えるべきだろう。

また，相手が小学生の場合と高校生の場合では，同じ「叱る」でも叱り方は異なるし，小学生といっても個によって異なる。だが，教育は平等でなければならないことを留意すべきだ。これがテーマ文で問われている「留意」のポイントである。

●論点

前文でテーマの「教師としての厳しさと優しさ」の定義付けと，その必要性について述べる。さらに志望校種の教師としてあなたは，この厳しさと優しさを備えた教師のあるべき姿を結論として明らかにする。

　本文では，あなたが子どもを指導をするときの「厳しさ」と「優しさ」についての配慮を具体的に2点述べたい。たとえばそれは，「教育は平等でなければならない」という観点と，「個に応じた指導」という観点の関係についてである。この本文はできるだけ具体的に論じるため，文字数は全体の3分の2程度の文量をあてる。

　最終段落は，テーマに関するあなたの課題を挙げ，その解決にどのように努力するかを簡潔に述べるといいだろう。

2010年度　論作文実施問題

【全校種】

●テーマ

> 現代社会では，児童生徒を取り巻く環境が著しく変化している。このような変化に対応するために必要な「これからの教師に求められる資質・能力」とは何か，説明しなさい。また，それらを身に付けるためにどのような努力をしていこうと考えるか，書きなさい。

このテーマに沿って，自分で題名を決め，考えを具体的に書きなさい。

●テーマの分析

テーマには「児童生徒を取り巻く環境が著しく変化している」とあり，これを筆者はどのように読み取ったであろうか。考えられる環境の変化を挙げる。

① 人間関係が複雑化して難しい。
② 交通機関が便利になり，生活しやすい。
③ 生活器具が揃い，優雅な生活ができる。
④ 高校全入，大学定員割れで進学が容易である。
⑤ 少子化で兄弟が減り，親が大事にしてくれる。

その他もあろう。

この環境の変化が，子どもたちをどのように変えたかである。その「変化」に対応できることが教師の資質・能力である。

参考までに中央教育審議会答申(平成17年10月)に「優れた教師の条件」として3要素を挙げている。

①「教職に対する強い情熱」…仕事に対する使命感や誇り，子どもに対する愛情や責任感，それに教師の学び続ける向上心を持つ

② 「教育の専門家としての確かな力量」…子ども理解力，児童生徒指導力，集団指導の力，学級作りの力，学習指導・授業作りの力，教材解釈の力などからなるもの
③ 「総合的な人間力」…豊かな人間性や社会性，常識と教養，対人関係力，人格的資質を備えていること。また教職員全体と同僚として協力していくこと
テーマは，どのような努力をするかと問うている。

●論点

　前文は，児童生徒を取り巻く環境の変化をどのように受け止めているかを述べる。その変化に，教師としてどのような資質・能力を備えなければならないかを述べる。

　本文は，備えなければならない資質・能力をどのように備えるかを，異なる2つの視点から具体的に述べる。この本文の字数は，全体の3分の2を当てる。

　最終段落は，テーマに関する筆者の研修課題を挙げ，課題解明にどのように努力するかを簡潔に述べるとよい。

2009年度　論作文実施問題

【全校種】

●テーマ

『信頼される教員とはどのような教員であると考えるか，教育公務員の立場および教員の職務という観点から論じなさい。また，信頼される教員になるためにどのような努力をしていこうと考えているか，書きなさい。』このテーマに沿って，自分で題名を決め，項立てをして，考えを具体的に書きなさい。

●テーマの分析

　なぜ教師は信頼される必要があるのだろうか。あなたの考えをはっきりさせることである。学校教育は子どもと教師との間に信頼関係が構築されてはじめて成り立つものである。子どもを信頼しない教師に教育はできないし，信頼できない教師の指示になど子どもは見向きもしないからである。

　その信頼関係の構築にあなたはどのように努力するのか。信頼をするしないは，子どもや保護者が決めることである。われら教師は職務を全うすることによってこそ，結果として信頼が得られるのである。教師が目的とするものは信頼を得ることではなく，児童生徒を健全に育成することである。己が保護者の立場であるならば，どのような教師に信頼を寄せるかを考えるとよい。

●論点

　学校教育において，教師は信頼されていなければならない。なぜであろうか。このことを前文で述べる。その理由もである。さらにあな

たはこの信頼を得るためにどうするかを，ここで結論として述べる。

　本文では，前文で述べた結論の具体的な方策を2例挙げる。具体策であるから子どもの発達段階(志望校種でよい)を明示することは当然である。そこで教師としての職務をどのように全うするかである。教科科目の授業と個との対応もよいであろう。しかもあなたらしさを示すことである。この本文の字数は全体の3分の2を当てるとよい。

　最終段落ではこの課題に関するあなたの研修課題を挙げ，課題解明にどのように努力するのかを簡潔に述べる。例えば，教師としてすべての子どもを無条件に信頼できるかなどである。教師が子どもを信頼しないで，何で子どもは教師を信頼するであろうか。

2008年度　論作文実施問題

【全校種】

●テーマ

> 教員として必要と思われる資質を，理由を含めて3つ書きなさい。また，取りあげた3つの資質のうち1つについて，その資質を向上させるためには，どのような取り組みが必要か，書きなさい。このテーマに沿って，自分で題名を決め，項目立てをして，考えを具体的に書きなさい。

●テーマの分析

　　ここでは教員の資質の問題を，受験者自ら3題選び，その中から，1題に絞り，その資質の向上が，現在求められている教員の資質向上の文科省が求めている狙いに適合しているか否かを判断する課題である。但し，自分で課題名を考えさせ，具体的に論ずる事は，理想論の展開になりやすい傾向にあり，50分の時間制約の中で，論じることは，国語表現的要素も十分に重要視している事を計算に入れ，展開していく事に心掛けること。書き方としては，箇所書で，資質向上の例というテーマで①〜③までの課題の重要性順位を記述し，③が自己の発表題名となるようにすると，その後の文章展開が前文に引き続きスムーズに書き上げられる。教師の資質には，様々な事柄が挙げられるのでここでは省略するが，世の中の動向を見る中で，自分が一番必要と思われる事項に対し，具体的事例が挙げられ，また，それに対し前者同様具体的な対処法が書ける題名を選択しなくてはならない。序論では①〜③の説明をする。本論では③の自己の選択した題名に対しての展開が本論となり，その向上を図る為の心構えを結論として論じること

が総体的に，早く，且つ，分かり易い文章展開になる。

●論点

　一言で言えば，ここでの課題は教師の質の低下が叫ばれている現在，児童期の必要最小限の教育が原因で特に学力の低下はもとより，生活指導面の低下，運動能力の低下等が原因で生徒(中学・高等学校)になった中で，勝手に許可無く立ち歩いたり，授業中私語をしたり，板書事項をノートに記載せず，他のことを考えていたり，ノートに手紙や，漫画を平然と書いていたり，所謂，授業を受ける態度の欠如不足が低学年のうちに徹底指導されていないが為に，学年が上がれば上がるほどそれが授業妨害につながり，その様な一部の生徒の為，学力の低下や，いじめ問題，登校拒否問題へと進展していく要素を多分に含んでいる事に着目させる。高等学校になれば，それが原因で就学意欲の減退による退学が，その本人に限らず他の生徒にも学校の授業のバカらしさから転校希望者が出てきたり，そこには当然に，保護者からの，学校に対する不信感が生まれ，問題となるケースが多い。問題となる要素は，若いうちにその悪の根源たる芽を摘まなくてはならない。従って，小学校教育の重要性が極めて必要である事を述べておく。

2007年度　論作文実施問題

【全校種】

●テーマ

> 学校は集団での活動や生活を基本とするものであり，そこでの人間関係の在り方は，児童・生徒の健全な成長と深く関わっている。そこで，あなたが学校に勤務するようになったら，子どもたちの好ましい人間関係を育てるために，どのような取り組みをするか述べよ。このテーマに沿って，自分で題名を決め，項立てをして考えを具体的に書きなさい。

●テーマの分析

　学校は集団教育の場である。就学前は家庭で個人教育がなされていたので，低学年児に取ってはその切り替えが容易ではない。自己中心的な言動が見られるのは当然ともいえよう。低学年の授業が時折「授業崩壊」を起こすのもここに原因がある。見方によっては当然ともいえよう。それが中学年児になると仲間の素晴らしさに気づき，どこへ行くにも団子になっている。ギャング・エイジなのである。

　中学生になると大人への脱皮である。独り立ちへ，もがき苦しんでいるのである。自己中心的も，ギャングエイジも第2反抗期も健全に発育しているという証なのである。あとは大人がどう支援するかである。

●論点

　テーマが求めているのは，「好ましい人間関係の育成にどう支援するか」である。まず前文（字数は全体の6分の1）で志望校種にあった

仮テーマを定め，論述の骨子を組む。中学生であるならば，人前で恥をかくことを嫌うので人間関係の構築を班活動でとする。仮テーマを「小集団活動」とし，班討議を奨励するのである。

　本文（字数は全体の3分の2）の前半は担当教科での班討議の持ち方や，そこでの書き手（受験者）の配慮を述べる。後半は学級活動などでの班討議や班活動での学習を支援する。班編成はその都度行い，誰とでも組めるようにする。

　書き終えたら読み返して，テーマを見直す。また前後の項立ても見直す。

　結文（字数は全体の6分の1）は書き手（受験者）のテーマに関する研修課題を挙げ，その解明にどう努力するかを簡潔に述べるのである。

2006年度　論作文実施問題

【全校種】

●テーマ

> 子どもたちに「学力」を身に付けさせるために，あなたは教師として どのような取り組みをしたいと思いますか。あなたの考える 「学力」は何かを述べた後，身に付けさせるための取り組みを具体的 に書きなさい。

●テーマの分析

　与えられたテーマは「学力」であるが，今日求められているものは 「確かな学力」である。「確かな学力」は中央教育審議会の平成15年10 月7日答申「初等中等教育における当面の教育課程及び指導の充実・ 改善方策について」で述べられている。「生きる力」は「豊かな人間 性」と「健康・体力」とこの「確かな学力」から構成されているとし ている。このことから「生きる力」を知の側面からとらえた「確かな 学力」とし，「知識・技能に加え，自分で課題を見つけ，自ら学び， 主体的に判断し，行動し，よりよく問題を解決する資質や能力」とか， 「知識・技能に加え，思考力・判断力・表現力などを含む，学ぶ意欲 を重視したこれからの子ども達に求めれれる学力」とある。
そして，この確かな学力を向上させるための戦略として，①揺ぎ無い 基礎・基本　②思考力　表現力　問題解決能力　③生涯にわたって学 び続ける意欲　④得意分野の伸長　⑤旺盛な知的好奇心，探究心を挙 げている。これらを自分の言葉で論文の中に生かすのである。

●論点

　前文で「確かな学力」とは単なる学力といかに異なるかと，その学力がなぜ，いま求められているのかを述べる。次の本文で具体的な取り組み方を述べるのであるが，その基本的な考えもここで明らかにする。

　本文では，「私はこのようにする」と具体的に述べる。学力のことであるから教科科目の授業のことになるであろう。高校物理の授業の中でどのように育成するのかなどである。実験の場もあろう。実験結果の考察での話し合いの場もあろう。「確かな学力」は総合学力であることから，総合的学習のなかでどうするかをのべるのも斬新的でよい。

2005年度　論作文実施問題

［全校種］

●テーマ

> 教師の力量とはどのようなものか。また，それを身に付けさせ高
> めるために，教師として具体的にどう取り組むとよいか。

●テーマの分析

　教師の力量とは資質能力と解してよい。では教師の資質能力とはい
かなるものであろうか。そこには不易と流行がある。それらについて
は平成9年の教育職員養成審議会答申に「いつの時代にも教員に求め
られる資質能力」と「今後特に教員に求められる資質能力」としてあ
る。

●論点

　前文（全体の6分の1程度の字数）では，まず「教師の力量」とは何
かに答える。出題者が求めているのは後者の流行に関する資質能力で
ある。その必要性とそれらをどのように身につけていくか，その基本
的な考えを述べるのである。例えば，学校は変化の時代を生きる社会
人を育成するとし，教師の力量としてカウンセリング・マインドが重
要であるとするのもよい。

　本文（全体の3分の2程度の字数）は起承転結の承と転の部分で，前
文の基本的な考えの具体的な取り組み方を述べる。ここで志望校種を
明らかにし，前文の例でいうならば，一つ目はどの子ども時間を十分
とって話を聞く。もう1点は子どもに遠慮がみられるならば，こちら
から積極的に話しかけるとするなどである。その具体的な取り組み方

は，発達段階で異なってくることは当然である。

　結文（全体の6分の1程度の字数）では自己評価をする。現在はカウンセリング・マインドを十分備えているとは限らない。今後このための努力をどのようにするかを述べる。単なる決意表明では，努力する姿は見えてこない。

2004年度　　論作文実施問題

［全校種］

●テーマ

　教師と生徒の信頼関係を築くためには具体的に，どのようにすれ
ばよいか。あなたの考えを具体的に書きなさい。

●テーマの分析

　教育は信頼関係の上に構築されるものである。生徒から信頼が得ら
れるように，教師として何をどのようにしたらよいかを考えなければ
ならない。教師は生徒を無条件に信じるのは当然である。生徒を信じ
ない教師はあってはならない。しかし生徒は教師を信じているとは限
らない。信じてもらうためにどうするかである。題名「信頼は結果と
して得られる」とし，生徒は教師をよく観察し，その結果信頼できる
と判断してはじめて信頼を寄せるとする。

●論点

　前文では上記のことに加えて，「教師の言葉には『私を信じなさい』
はない」とし，信頼は目的ではなく結果として得られるものであると
する（6分の1の字数）。

　本文ではどうするかを具体的に述べるのである。信頼が目的ではな
いとすると，何をしたらよいか。本文は全体の3分の2の字数を遣い，
2つの具体例を2段落で述べる。この論文の対象生徒を明らかにして，
発達段階を抑えての論述でなければ，読み手を納得させることはでき
ない。中学生と高校生とでは描く教師像が大きく異なるからである。
「信頼」は教育の根幹ともいえる課題である。生徒の立場に立って考

えることができるかどうかを，このテーマで試そうとしている。中学
生でも高校生でも，生徒の見る目は非常に厳しいことは承知している
であろう。

2003年度　論作文実施問題

［全校種］

●テーマ

変化の激しい21世紀をたくましく生きるため，あなたはどのように教師として指導しますか。

●テーマの分析

テーマに「変化の激しい21世紀をたくましく生きるため」とある。この「生きるため」とは誰が生きるのであろううか。それは「児童生徒」である。児童生徒に「生きる力」を育成するといえば，中央教育審議会第15期第1次答申「21世紀を展望した我が国の教育の在り方について」が平成8年7月に出ている。その第1部の（3）に「今後における教育の在り方の基本的な方向」として「生きる力」を3点挙げている。

①いかに社会が変化しようと，自分で課題を見つけ，自ら学び，自ら考え，主体的に判断し，行動し，よりよく問題を解決する資質や能力

②自ら律しつつ，他人と共に強調し，他人を思いやる心や感動する心などの豊かな人間性

③たくましく生きるための健康や体力

答申ではこの3点を挙げているが，あなたはどうするのかとの設問である。答申等を丸写ししたのでは論文ではない。論文はあなたの主張であって，そこにはあなたらしさがみなぎっていなければならない。ということは，答申の主旨を理解して飲み込み，自分の意見に替えて述べるのである。

面接試験で今回と同様な内容の質問を受けたらどのように答えるの

かを考えるよい。先の①～③をすべて並べてもおかしいし，だからといってこのうちの1点だけでよいであろうか。さらに，なぜ「生きる力」をそのように定義づけたかの説明ができなければならないのである。

●論点

　十分予想されたテーマであるので，一般的な文章構成である「起承転結」とし，字数配分を1：2：2：1にするとよい。

　前文では，まず子どもたちが「たくましく生きるために」，あなたはどのような力を備えさせたいのかを述べる。そしてなぜその力なのか，その理由も合わせ述べる。このときの子どもとは高校生なのか。それとも小学生なのか，校種をはっきりさせる。高校生にとっての「生きる力」と小学生とでは大きく異なるからである。

　前文は本文の導入部分である。本文では「生きる力」を育成する具体的な方策を述べるのであるが，その基本的な考えを前文で述べておくのである。

　前文で「生きる力」を「自己教育力」とするならば，その力を育成する具体的な方策を「承」と「転」の2点でのべるのである。中学校であるとすると，「承」では理科学習は1人1実験で実験計画から結論まで1人で行う。「転」では学級活動の班討議にブレーン・ストーミングを行い，アイデアの掘り起こしを行う。「承」も「転」も個を中心とした学習で，すべての生徒が自らを見つめ試し，そして挑戦させるのである。実際はもっと具体的に述べる。

　結文は教師であるあなた自身の資質能力に触れる。「自己教育力」の育成は，まずすべての生徒に学習意欲を持たせなければならない。それだけの指導力を備えているであろうかということである。ブレーン・ストーミングを行わせるにしてもルールが必要である。他人の出したアイデアを批判しないという決まりを徹底させることができるか等である。自らの資質能力をどのように向上させるかを述べて結ぶのである。

面接試験　実施問題

2024年度

◆実技試験(1次試験)

※変更点：特別支援学校の実技試験(志望する教科・科目に関する実技，特別支援教育に関する指導計画等の作成及び質疑)を全て廃止する。廃止となる実技試験のうち，「特別支援教育に関する指導計画等の作成及び質疑」は，学力試験の「特別支援教育に関する専門科目」に組み込む。

▼中高音楽
【課題】
□聴音
□ピアノ実技
□視唱
□弾き歌い
※合計50点満点

▼中学美術
【課題】
□平面作品制作
□立体作品制作
※合計50点満点

▼中高保体
【必修課題】
□陸上運動
□器械運動

【選択課題1】

□球技3種目から1種目

【選択課題2】

□武道・ダンスから1種目

※合計50点満点

◆集団討論(2次試験)

 ①面接委員…民間企業の人事担当者等，教員以外の行政職員を含む4名

 ②面接時間等…1グループ(10人程度)　40～50分程度

 ③評価の観点…主として協調性・対応力・堅実性

 ④総合評価…ABCDEの5段階評価

▼小学校教諭　面接官4人　受験者8人　30分

【課題】

□あなたたちのグループは，校内のICT教育を推進するグループに任命されました。ICT教育について，どのような場面でどのように活用するか優先順位をつけて話し合ってください。

・司会は立てても立てなくても良い。

・構想3分の後に小グループでの話し合いを挟んでから，本討論に入った。

▼中学社会　面接官4人　受験者7人　50分

【課題】

□あなた方7人は，同じ学校に勤務する同僚です。学校の課題として，コミュニケーション能力が低い生徒が多い。この課題を解決するためにどんな取組をしますか。優先順位をつけて発表しなさい。

・最初5分は，3人，4人に分かれ，意見交換。その後7人で討論。

・司会，記録，発表の3つの役割を自分達で決める。

▼中学理科　面接官4人　受験者6人　時間30分

【課題】

□児童生徒のコミュニケーション能力を向上するために，学校でどのような取り組みを行うか。優先順位をつけて，グループとしての意見をまとめなさい。

・討論の流れは，①2分間構想→②5分間で3人，4人の小グループに分かれて討論→③その後，全体で討論(25分)→④5分間で出た意見の優先順位を決めてまとめる。

・司会は立てても立てなくても良い。

・最後にグループの意見を紙に書いて提出するため，まとめは必要になる。

・意見を述べる時は1分以内。

・受験者には1−7の番号が振られる。

▼中学家庭　面接官4人　受験者5人　時間40分

【課題】

□生徒のコミュニケーション能力を高めるための取組について。

▼高校社会　面接官4人　受験者11人　時間40分

【課題】

□昨今，学習指導要領によって指導と評価の一体化が打ち出されている。評価方法の見直しで，定期テストや試験の廃止をする学校も出てきている。生徒の学習意欲を上げるために，学習評価のあり方は今後どうあるべきか。

◆個人面接(2次試験)

①面接委員…民間企業の人事担当者等，教員以外の行政職員を含む4名

②面接時間等…1人20〜25分程度

③評価の観点…主として指導力・堅実性・判断力

④総合評価…ABCDEの5段階評価

▼小学校教諭　面接官4人　20分

【質問内容】

□地元のよさについて。

□志望動機について(1分以内で)。

□高校で書道部にした理由。

□待ち時間に何を考えていたか。

□地元のよさとICTをどう結び付けるか。

□内気な児童への対応について。

□LGBTやヤングケアラーといった背景をもつ児童への対応について。

□教師の1番の素質とは。

□最近気になった社会問題について。

□安全教育について。

□勤務地の希望について(評価には一切関係しない)

【場面指導】

□A君とB君は，学校でいつも仲良く遊んでいるが，A君がある時，「B君は，家でゲームをしている時にいつも暴言を吐いてくる」という相談をしてきた。

・30秒考えて，3分実演。

・面接官4人いるうちの1人がA君役を務めた。

▼中学社会　面接官4人　時間15分

【質問内容】

□志望動機について。

□長所・短所について。

□社会科の魅力は。

□気になる社会的ニュースは。

□アルバイトの経験は。

□目指す教師像について。

□自分のどんな所が教師に向いていると思うか。
□実際勤務して，教育実習との違いは。
□勤務地はどこでも良いか。
【場面指導】
□塾のテストが近く，授業中に内職している生徒がいる。あなたはどのように指導しますか。
・30秒考えた後スタート。

▼中学理科　面接官4人　時間25分
【質問内容】
□理科のどういったところが好きになったか。
□理科に興味を持てない生徒にはどのように対応するか。
□今の教師に求められる力は何か。
□どのような理科の授業をしたいか。
□気になるニュースはあるか。
□まとまりがないクラスにはどうするか。
□卒業論文のテーマは何か。
□他の自治体は受験したか。
□中学校の先生として向いている点はあるか。
□勤務地に希望はあるか。
□嫌いな食べ物はあるか。
　→では○○が嫌いなあなたの魅力を10秒間構想し，30秒間で私に説明してください。
□生徒の良さや可能性を伸ばすにはどうしたらいいか。
【場面指導】
□保護者から，うちの子がLINEで仲間ハズレにされていると言った苦情がきた。この保護者に対してどのように対応するか。面接官を保護者に見立てて対応しなさい。
・30秒構想した後，面接官から「うちの子は傷ついています。どうしてくれるんですか」と言われ場面指導が始まる(3分間)。

・「これっていじめですよね」「不特定多数だけど，指導できるんですか」「学校ではどのような普段指導をしているんですか」などと返答してくる。

▼中学家庭　面接官4人　時間20分
【質問内容】
□待っている間，何を考えていたか。
□大変だと言われる教員をなぜ志望したのか。
□中学生のころどのような生徒だったか。
□教育実習で一番印象に残っている気づきや学びについて。
□コロナ禍の大学生活でどのようなことに取り組んだか。
□自分の強みと弱みについて。
【場面指導】
□A君とB君は黒板係である。A君がやろうとしてもB君ばかりやって
　A君は休み時間遊んでいる。この場合のA君への指導。

▼高校社会　面接官4人　時間20分
【質問内容】
□大学受験で浪人していたときは何を目指していたか。
□いつから教員になろうと思ったか。
□大学での専門は。
　→日本史専門とのことだが，世界史も教えられるか。
□高校時代は日本史・世界史両方とも履修したのか。
□なぜ教職大学院に進もうと思ったか。
□新卒だが，もし不合格になった場合にはどうするか。
□栃木県以外に受験しているか。他の職種は受験しているか
□(評価とは関係ないが)全県下，勤務できるか。遠くても大丈夫か。
□大学院では何を専攻しているか。
　→専門の江戸時代の授業だったら，例えばどんな発問をするか。
□教員に必要な資質は何か。

□自分が教員に向いていると思うところは。

□特技(古文書の読解)を通してどのように歴史の楽しさを伝えていくのか。

□歴史以外に熱中してきたことは。

　→剣道で子どもたちにどんなことを教えたいか。

□部活で，リーダーの経験はあるか。

□仕事がきついとき，相談できる友達は沢山いるか。

□友達からはどんな人柄だと思われているか。客観的にどう見られていると思うか。

　→友達から，どんな場面で「歴史が好きなんだね」と言われるか。

◆実技試験(2次試験)

▼中高英語

【課題】

□英語によるインタビュー

※100点満点

▼中学技術

【課題1】

□パソコンに関する実技

　プログラミング処理に関する問いに答えよ。なお，ソフトウェアの利用については次のとおりとする。

・ビジュアルプログラミング言語「Scratch(スクラッチ)」を使用する。

・インターネットでのブラウザによる検索は認めない。

・終了の合図後は，コンピュータの操作はせず，電源を落とさないこと。

・制限時間は，45分間とする。

・作成したデータのファイル名は「受験番号－1」，「受験番号－2」，「受験番号－3」とし，指示された場所に保存すること。

〈作成について〉

・別添の内容に合わせて，プログラムを作成すること。

〈別添資料〉

1. ネコのスプライトをクリックすると，1桁の数字をランダムに二つ生成し，図1のようにかけ算の答えを求めてくるプログラムをつくりなさい。なお，正解ならば，「正解！」，間違っていれば「はずれ！」と返答する機能も実装すること。

図1

2. 図2と相似な図形を作図するプログラムをつくりなさい。なお，スプライトも図2と同じ画像にすること。

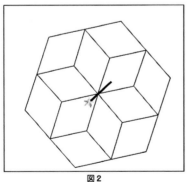

図2

3. 図3に示すようにスプライトを配置し，緑の旗をクリックする
と，ボールが動き出し，もし，ボールが両面の端に触れたなら
ば，ボールを跳ね返し，また，ボールがネコに当たったならば，
ボールの向きを180°回転させ，跳ね返す。さらに，ネコがボー
ルに触れることができるようにするため，上矢印キーを入力
すると，ネコはY軸方向に10ドット移動し，下矢印キーを入力
すると，ネコはY軸方向に−10ドット移動する。
　以上の仕様を満たすプログラムをつくりなさい。

図3

【課題2】
□木工製品の製作
　用意された材料及び道具を用いて，次の第三角法による正投影図
で示された「本立て」を製作せよ。なお，作業時間は，けがきを含
め，90分とする。

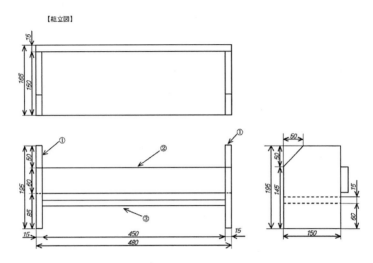

【材料表】

部品番号	部 品 名	仕上がり寸法（幅×長さ×板厚）　単位はmm	数量
①	側板	150×195×15	2
②	背板	60×480×15	1
③	底板	150×450×15	1

▼中高家庭・特支中高家庭

【課題1】

□調理(食物)　(50分)

---

1. きゅうりを小口切り(2mm以下)にしなさい。(30秒)
2. 材料を適量用いて調理し，別々に盛りつけて提出しなさい。
   (1) ピーマン1個分の肉詰め(みじん切りしたタマネギ入り)
   (2) マヨネーズソース(うずらのたまご1個使用)

【課題2】

□裁縫(被服)　制限時間　60分

1. ミシンの下糸を巻き，上糸をかけなさい。(5分)
2. 指定された布をアイロンで三つ折りし，まつり縫いをしなさい。(10分)
3. フェルトでコインケースを作りなさい。(40分)

〈製作の条件〉
　　○　手縫いで作ること。
　　○　スナップをつけること。
　　○　刺しゅうで装飾すること

　工夫したこと

※合計100点満点

▼高校情報

【課題】

□プログラミング

　このプログラムは，プログラミング言語Pythonを用いて，次の【仕様(初期)】に従って入力した正の整数が素数かどうかを判定するプログラムである。

〈仕様(初期)〉

1. 素数とは，2以上の整数で，1とその数でしか割り切れないもののことである。
2. 正の整数を入力すると，その数が素数か素数ではないかを表示する。
3. 1を入力すると，「素数ではありません」と表示する。
4. 2を入力すると，「素数です」と表示する。
5. 3以上の正の整数nについては，nに対して2からn−1まで1ずつ増や

しながら順番に割るという処理を繰り返し，一つでも割りきれるものがあった場合は「素数ではありません」と表示し，すべての数に対して割り切れるものがなかった場合は「素数です」と表示する。

〈プログラム(sosuuhantei.py)〉

```
01  #この行に受験番号を入力すること。受験番号：
02  この行に問題番号を入力すること。問題番号：      この問題番号に対する解答：
03
04  syorikaisuu = 0
05  banme = 0
06  sousuu = 0
07  n = input('正の整数を入力してください')
08
09  hantei = 1
10  if n == 1:
11      hantei = 1
12  else n == 2:
13      hantei = 0
14  else:
15
16
17
18      for i in range(2, n, 1):
19          syorikaisuu = syorikaisuu + 1
20  if n % i == 0:
21  hantei = 1
22
23  if hantei = 0:
24
25
26      print('素数です')
27  else:
28      print('素数ではありません')
29  print('処理回数', syorikaisuu, '回')
```

〈問題〉

次の指示に従って，以下の1から6の問いに対してプログラムを修正，改良し，解答せよ。ただし，以下で示されている行番号は，上記に記載されている【プログラム】の行番号とする。

・プログラムの作成には「IDLE」を使用する。

・各問いに対するプログラムは，配られたUSBメモリ内の「sosuuhantei.py」を複製し，編集して作成する。はじめに01行に受験番号を入力してから複製すること。

・各問いに対するプログラムごとに，02行目に問題番号と解答を入力する。

・作成したプログラムは，配られたUSBメモリに「sosuuhantei_〇〇〇

○_*.py」(○○○○:受験番号，＊:問題番号)として保存する。

・作成したプログラムは，プログラムごとに印刷する。

※動作確認するために，USBメモリ内にファイルを余計に複製して
もよい。ただし，ファイル名に注意すること。

1　このプログラムは次の6か所でエラーが発生している。(1)から(6)の
エラーを修正してプログラムを完成させ，(7)の指示に従って解答せ
よ。ファイル名は「sosuuhantei_○○○○_1.py」として保存し，印
刷を行うこと。

(1)　02行目はブロックコメントとしたい。適切な記号を挿入せよ。

(2)　12行目の「else」は正しくない。多分岐になるように修正せよ。

(3)　20行目と21行目の字下げが不適切である。正しい位置に修正せ
よ。

(4)　23行目の代入演算子「＝」の使用は不適切である。正しい比較
演算子に修正せよ。

(5)　正の整数を入力してもエラーが起こる。07行目のnが整数型に
なるように修正せよ。

(6)　3以上のどの整数を入力しても「素数ではありません」と表示
される。09行目のhanteiの初期値を修正せよ。

(7)　修正したプログラムについて，「1001」を入力したときの18行
目の反復(for)の処理回数を表す29行目のsyorikaisuuの値を，02行
目の「この問題番号に対する解答」に記入せよ。

※次の2から4の問いについては順序に関係なくどの問いからでも取
り組めるようになっている。取り組めるものから取り組むこと。

※各問いの解答として保存したファイルで評価をするため，問題番
号の入力に注意すること。

2　処理回数を減らすため，以下の指示に従ってプログラムを改良せよ。
改良したプログラムについて「1001」を入力したときの18行目の反
復(for)の処理回数を表す29行目のsyorikaisuuの値を，02行目の「この
問題番号に対する解答」に記入せよ。ファイル名は「sosuuhantei_○
○○○_2.py」として保存し，印刷を行うこと。

・15行目に分岐の条件として「nを2で割った余りが0ならば」を追加する。
・16行目に条件が満たされた場合の処理として「hanteiに1を代入する」を追加する。
・17行目に条件が満たされなかった場合の処理としてelse節を追加する。
・18行目から21行目までを17行目のelse節の中に入るように字下げする。
・18行目の「2からn−1まで1ずつ増やしながら」を「3からn−1まで2ずつ増やしながら」に変更する。

3　処理回数を減らすため，以下の指示に従ってプログラムを改良せよ。改良したプログラムについて「1001」を入力したときの18行目の反復(for)の処理回数を表す29行目のsyorikaisuuの値を，02行目の「この問題番号に対する解答」に記入せよ。ファイル名は「sosuuhantei_○○○○_3.py」として保存し，印刷を行うこと。

・正の整数nを二つの正の整数の積で表現すると，その二つの整数のどちらか一方は，必ずnの平方根以下になる。この性質を使って，iに不要な数を代入しないように18行目を改良せよ。ただし，平方根の関数等を用いるために，ほかの行を編集したり，必要な命令を入力して全体の行がずれてもかまわない。

4　処理回数を減らすため，以下の指示に従ってプログラムを改良せよ。改良したプログラムについて「1001」を入力したときの18行目の反復(for)の処理回数を表す29行目のsyorikaisuuの値を，02行目の「この問題番号に対する解答」に記入せよ。ファイル名は「sosuuhantei_○○○○_4.py」として保存し，印刷を行うこと。

・割り切れる数が見つかったら，正の整数nは素数ではないことが分かり，それ以降の数で割る必要はない。そのようなときに18行目の処理を途中で中断する命令を22行目の任意の場所に記入せよ。

5　2，3，4の問いをまとめたプログラムを作成し，作成したプログラムについて「4199」を入力したときの素数であるかどうかの判定と，

18行目の反復(for)の処理回数を表す29行目のsyorikaisuuの値を，02行目の「この問題番号に対する解答」に記入せよ。ファイル名は「sosuuhantei_○○○○_5.py」として保存し，印刷を行うこと。

6　与えられたプログラムを以下の指示に従って変更し，変更したプログラムについて「2024」を入力したとき，2024までの素数の総和を02行目の「この問題番号に対する解答」に記入せよ。ファイル名は「sosuuhantei_○○○○_6.py」として保存し，印刷を行うこと。

・一つの素数を判定するプログラムから，1から順番に入力された正の整数までの素数をすべて表示するプログラムに変更する。ただし，必要な命令を入力して全体の行がずれてもかまわない。

・素数を表示するごとに，その素数が何番目の素数(banme)であるかと，そこまでの素数の総和(sousuu)を表示すること。

・27行目，28行目，29行目は削除する。

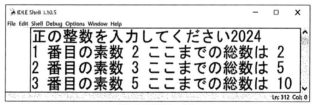

【問6 実行結果例の一部】

※100点満点

▼高校機械

【課題】

□製図

　与えられた部品の寸法をノギスで測定し，別紙(A3ケント紙)に第三角法で次の1から10の指示に従い組立図および部品図をかけ。

1　図面の尺度は現尺とし，寸法を記入する。

2　組立図と部品図をかくこととする。

3　ねじ部は略画法でかくこととする。

4　各部品図の寸法数値は小数第1位まで記入するものとする。

89

5 足長Uボルトの全長は106.0mm，ねじ部長さは51.0mm，U字部分は円弧とする。

6 プレートの厚さは，一番厚みのある部分の値とする。

7 プレートの両端はRIO，長穴の両端はR4.5とする。

8 投影図の数は必要最小限とする。

9 全体の製図法は，製図に関する日本産業規格(JIS)による。

10 輪郭線及び受験番号の記入方法は以下の通りとする。

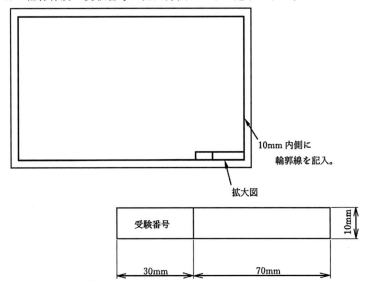

10mm 内側に
輪郭線を記入。

拡大図

受験番号	
30mm	70mm

10mm

2023年度

◆実技試験(1次試験)

　▼中高音楽・特支中高音楽

　【課題】

　□聴音

　□ピアノ実技

□視唱

□弾き歌い

※合計50点満点

▼中学美術・特支中学美術

【課題】

□平面作品制作

□立体作品制作

※合計50点満点

▼中高保体・特支中高保体

【必修課題】

□陸上運動

□器械運動

【選択課題1】

□球技3種目から1種目

【選択課題2】

□武道・ダンスから1種目

※合計50点満点

◆集団討論

①面接委員…民間企業の人事担当者等，教員以外の行政職員を含む4名

②面接時間等…1グループ(10人程度) 40〜50分程度

③評価の観点…主として協調性・対応力・堅実性

④総合評価…ABCDEの5段階評価

▼小学校教諭 面接官4人 受験者10人 時間40分

【課題】

□小学生のSNS利用についてどう考えるか。SNSトラブルを防ぐため

の具体的な取り組みについて討論せよ。

・最後に発表があるので，発表者だけは決めることが求められた。

・司会や記録者は話し合いで設けるかどうか決めた。

・試験官は部屋の四隅に一人ずつおり，一定の時間になると席を変更し記録を取っていた。

▼高校公民　面接官4人　受験者8人　時間30分

【課題】

□中教審の「令和の日本型学校教育」の構築を目指して各学校では現在，電子黒板やGIGAスクール構想のもと一人一台のタブレット機器が配布されている。このことを踏まえてあなたはどのような力を生徒に身につけさせたいか。あなたの教科の特性なども踏まえながらその活用について自由に討論せよ。

・メモ用紙はA4，終了後回収される。

・構想時間は3分。

・発言は一人1分以内。

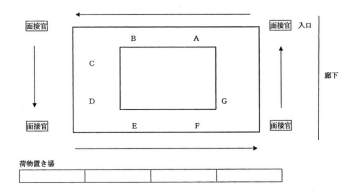

▼中学家庭　面接官4人　受験者6人　時間30分

【課題】

□オンラインゲームでトラブルが起きたときの対応を考えよ。

・司会は立てても立てなくてもよい。記録と発表者は決める。
・部屋の4隅に面接官がいて，時間でローテーションをしていた。

▼特別支援　面接官4人　受験者6人　時間30分
【課題】
□とちぎ国体・大会を子どもたちと観戦することになった(30名，重複障害児あり)。これにあたり下見をすることになったが，あなたはどんな視点で何を見てくるか。
・討論前に構想3分間あり。
・司会なしのフリートーク。
・まとめなくてよい。

◆個人面接(2次試験)
　①面接委員…民間企業の人事担当者等，教員以外の行政職員を含む4名
　②面接時間等…1人20～25分程度
　③評価の観点…主として指導力・堅実性・判断力
　④総合評価…ABCDEの5段階評価

▼小学校教諭
【質問内容】
□大変だと言われている教職を一生の職にしようと思った理由。
□子どもの意欲関心を高めるために必要なことは何か。
　→具体的に授業でどう取り入れるか。
□ボランティアを通して，どんな力が身についたか。
　→それをどう教師として活かすのか。
□今までの人生で嫌な出来事は経験したか。
　→どうしてそれが起こったと考えるか。
　→どう解決したのか。

□どんなことにストレスを感じるか。

　　→どう発散するのか。

【場面指導】

□廊下を走っているA君を注意したところ，「どうして自分だけ注意するのか，差別だ」と言われた。どう対応するか。

・4人の試験官のうち，最初の1人目が子ども役になって受け答えをする。ほかの三人は記録している。

・構想時間は30秒で，のちにどうしてその対応をしたのか，その後，どんな対応をしたいか等は聞かないと説明を受けた。

▼高校公民　面接官4人　時間20分

【質問内容】

□午前中はどうやって過ごしていたか，今緊張はしているか。

□これまでの講師としての勤務校の確認。

□昨年までの勤務校と今の勤務校の違いはどんなところか(今年異動したので)。

　　→生徒の学力に合わせて昨年までと今年で授業をどのように変えたか。

□政治・経済，倫理，現社どれが専門か，どの分野が得意か，公民科がもつ魅力とは。

□今の高校生は成長しているか。

□趣味は何か，休みの日は何をして過ごしているか。

□今の高校生の問題行動で気になるものは何か。

　　→生徒指導はどう行うのがよいか。

□あなたの雰囲気を教えてほしい。

　　→よいところはわかった。ではあなたの弱みは。

□公務員とオフの日の時どう気持ちを切り替えているか。

□同僚と働くときに気を付けていることは。

□これから授業をどうアップデートしていこうと考えているか。

□担任をしていてクラスの生徒が問題行動を起こしたらどうするか。

□評価方法が変わってきているが，公民科の中でどう指導に役立てて
　いくか。
□これまでの運動経験・顧問歴。
□県内どこでも勤務地は大丈夫か(合否とは関係なく)。
□特支でも大丈夫か(合否とは関係なく)。

▼中学家庭　面接官4人　時間15分
【質問内容】
□なぜ教員を一生の職にしようと思ったのか。
□免許の取得のための授業は取り終わっているのか。
□あなたの働いている学校を一言で表すと。
□生徒との関わりで気を付けていることは。
□挫折の経験はあるか。
□友人関係は広いほう，浅いほう。
□持続可能とはどういうことか。
□勤務地の希望はあるか。
【場面指導】
□あなたの学校は話し合い活動を活発に行っている。ある時，成績優
　秀なAさんが「話し合い活動をする意味ってあるのですか。先生が
　教えた方が効率的じゃないですか」と言ってきた。あなたはどう対
　応するか。
・個人面接の一番初めに行われる。
・構想30秒，面接官1人が生徒役で2〜3分ほど実演。

▼特別支援　面接官4人　時間20分
【質問内容】
□どうやって会場まで来たか
□勤務校について(規模，所属)。
□保護者対応で困ったことは。
□保護者が学校に期待していることは何だと思うか。

□特支を普及させるために取り組んだ方がいいと思うことはあるか。

□違う障害種はやってみたいか，それはなぜか。

◆実技試験(2次試験)

▼中高英語・特支中高英語

【課題】

□英語によるインタビュー

※100点満点

▼中学技術・特支中学技術

【課題1】

□パソコンに関する実技

　文書処理に関する問いに答えよ。なお，ソフトウェアの利用については次のこととする。

・文書処理ソフトウェア「ワード」を使用する。

・ヘッダー部分に，受験番号を記載すること。

・インターネットでのブラウザによる検索は認められないが，オンラインヘルプについては使用してもよい。

・終了の合図後は，コンピュータの操作はせず，電源を落とさないこと。

・制限時間は，45分間とする。

・作成したデータのファイル名は受験番号とし，指示された場所に保存すること。

各問の条件に合うように文書を作成せよ。

1 作成について
　・別添の内容に合わせて，文書を作成すること。
2 書式について
　・次の条件のとおり作成をすること。
　　①　余白は，上：20mm　下：20mm　右：20mm　左：
　　　20mmとすること。
　　②　文字数：50　行数：50とすること。
　　③　フォントはすべて「MS明朝」とすること。
　　④　数字は，1桁の場合は「全角」，2桁以上を「半角」とす
　　　ること。
　　⑤　表のセルの高さは7mmとすること。
　　⑥　表のセル内の文字は，垂直方向の位置を中央とするこ
　　　と。
　　⑦　1～5の見出しの文字は，文字の均等割り付け(5文字)と
　　　する。
　　⑧　画像は指定された画像を用いること。
　　⑨　標題は中央に配置すること。
　　⑩　「←」の印がある場合は改行し，「□」の印がある場合
　　　は1文字分スペースを空けること。

【課題2】
□木工製品の製作
　用意された材料及び道具を用いて，下の第三角法による正投影図で
示された「本立て」を製作せよ。なお，作業時間は，けがきを含め，
90分とする。

【組立図】

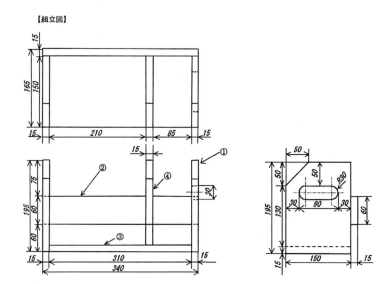

【材料表】

部品番号	部 品 名	仕上がり寸法（幅×長さ×板厚）　単位はmm	数量
①	側板	150×195×15　（穴アキは1枚）	2 (1)
②	背板	60×340×15	1
③	底板	150×310×15	1
④	仕切板	150×180×15	1

※合計100点満点

▼中高家庭・特支中高家庭

【課題1】

□調理(食物)　(50分)

1 きゅうりを小口切り(2mm以下)にしなさい。(30秒)
2 材料を適量用いて調理し，別々に盛りつけて提出しなさい。
  (1) オムレツ(たまご3個使用　みじん切りしたにんじん・タマネギ入り)
  (2) ブラウンソース

・机に器具(フライパン，包丁，まな板，計量器具系)と材料(卵，きゅうり，にんじん，たまねぎ，スープストック，ケチャップ，ウスターソース，バター，塩コショウ)が用意されていた。

【課題2】
□裁縫(被服)　制限時間　60分

ミシンを使用して，巾着袋を作りなさい。

〈製作の条件〉
○　マチ幅は10cmとすること。
○　ししゅうで装飾を施すこと。
○　巾着袋のひも通し口は，左右に作り，ひもを通すこと。
○　両脇のあきは，7cmとすること。

できあがり図

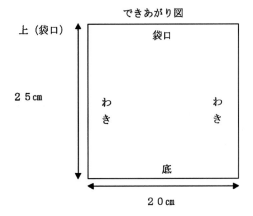

工夫したこと

※合計100点満点

▼高校情報

【課題】

□プログラミング

次の指示に従って[1]，[2]の問いに答えよ。

・プログラミング言語Pythonを使用する。

・プログラムの作成，編集には「IDLE」を使用する。

・プログラムの01行目に受験番号を，02行目に問題番号を入力する。

・作成したプログラムは，配られたUSBメモリに保存する。

・作成したプログラムは，印刷する。

※動作確認するために，各ファイルを区別できるようにした上で，USBメモリ内にファイルを複製してもよい。

[1] このプログラムは，turtleモジュールを使って正方形とその対角線を描くプログラムである。下の1，2の問いに答えよ。なお，配られたUSBメモリ内にあるプログラム「seihoukei.py」を複製して使用すること。

【プログラム】（seihoukei.py）

```
01  #この行に受験番号を入力すること。受験番号：
02  #この行に問題番号を入力すること。問題番号：
03
04  from turtle import *
05
06  t1 = Turtle()
07  t2 = Turtle()
08
09  t1.color('black')
10  t2.color('red')
11
12  t1.forward(200)
13  t1.left(90)
14  print('t1', t1.pos())
15  t1.forward(200)
16  t1.left(90)
17  print('t1', t1.pos())
18  t1.forward(200)
19  t1.left(90)
20  print('t1', t1.pos())
21  t1.forward(200)
22  t1.left(90)
23  print('t1', t1.pos())
24
25  t2.left(45)
26  t2.forward(200*2**0.5)
27  print('t2', t2.pos())
28  t2.penup()
29  t2.left(135)
30  t2.forward(200)
31  t2.left(135)
32  t2.pendown()
33  t2.forward(200*2**0.5)
34  print('t2', t2.pos())
```

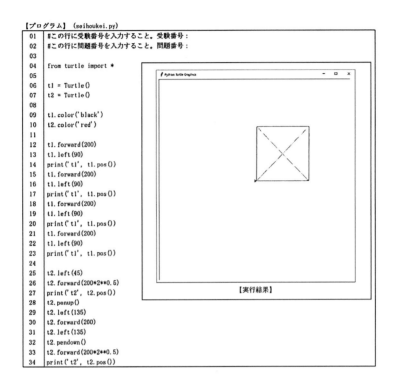

【実行結果】

【ヒント(turtleモジュールの主な関数について)】

・forward(n)：nだけ前進する。

・left(a)：左やa度回転する。

・right(a)：右へa度回転する。

・penup( )：軌跡を描くペンを上げる。

・pendown( )：軌跡を書くペンを下ろす。

・pos( )：タートルの位置を2次元ベクトルとして返す。

1 プログラム「seihoukei.py」の12行目から23行目の命令は，繰り返し処理をすることによって行数を減らすことができる。できるだけ行数を減らしたプログラムに修正せよ。なお，02行目の問題番号には「1-1」と入力すること。ファイル名は「1-1.py」として保存し，

印刷を行うこと。

2　プログラム「seihoukei.py」を参考に, 正5角形とその対角線を描く
　　プログラムを作成せよ。ただし, 次の指示に従うこと。ファイル名
　　は,「1-2.py」として保存し, 印刷を行うこと。

【指示(ヒントを含む)】

・01行目に受験番号を入力すること。

・02行目の問題番号は「1-2」とすること。

・辺は黒, 対角線は赤で描くこと。

・正5角形の1辺の長さは200とすること。

・なるべく短い行数でプログラムを作成すること。

(ただし, 見やすくするための改行や, タートルの位置を示す
命令は除く)

・対角線の長さは, 辺の長さの $\dfrac{1+\sqrt{5}}{2}$ 倍である。

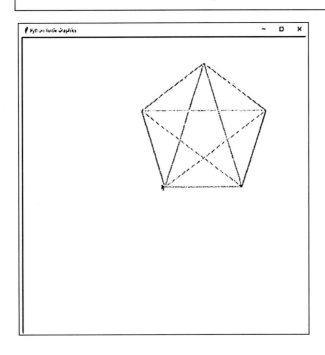

[2] このプログラムは，下の【仕様(初期)】に従ってプレイヤーであるあなたがコンピュータとじゃんけんをするプログラムである。下の1，2，3の問いに答えよ。なお，配られたUSBメモリ内にあるプログラム「janken(syoki).py」を使用すること。

【プログラム】 (janken(syoki).py)

```
01  #この行に受験番号を入力すること。受験番号：
02  #この行に問題番号を入力すること。問題番号：
03
04  import tyme as ty
05  import sys
06  import random
07
08  def hand_conversion(hand_number):
09      if hand_number == 0:
10          hand = 'グー'
11      elif hand_number == 1:
12          hand = 'チョキ'
13      elif hand_number == 2:
14          hand = 'パー'
15
16
17
18      return hand
19
20  print('じゃんけんゲームです')
21  print(' 「0:グー，1:チョキ，2:パー」数字で入力してください')
22  t.sleep(2)
23  print('それでははじめますよ')
24  t.sleep(2)
25  print('じゃん…')
26  t.sleep(1)
27  print('けん……')
28  t.sleep(1)
29  your_number = input(' （数字を入力→） ')
30  your_hand = hand_conversion(your_number)
31  cpu_number = random.randrange(☆)
32  cpu_hand = hand_conversion(cpu_number)
33
34  print('  ぽん…！    あなた：' your_hand, '  あいて：' cpu_hand)
35  if (your_number == ★ and cpu_number == ★) or ¥
36      (your_number == ★ and cpu_number == ★) or ¥
37      (your_number == ★ and cpu_number == ★):
38      print('あいこです')
39  elif (your_number == ★ and cpu_number == ★) or ¥
40      (your_number == ★ and cpu_number == ★) or ¥
41      (your_number == ★ and cpu_number == ★):
42      print('勝ちました！')
43  else:
44      print('負けました…')
```

【仕様(初期)】

1. プレイヤーはグー，チョキ，パーの代わりに，対応する数字である

103

　　　0，1，2のいずれかを入力する。

2. 現実のじゃんけんに近づけるために，timeモジュールのsleep関数を利用した。

3. コンピュータはランダムで0，1，2のいずれかを決定する。

4. じゃんけんの結果は，プレイヤーとコンピュータがそれぞれ何を出したのか，数字ではなく，グー，チョキ，パーのいずれかを表示し，プレイヤーが，勝ったのか，負けたのか，あいこだったのかを表示する。

5. あいこでも1回で終わりにする。

6. 0，1，2のいずれでもない整数が入力された場合は，「手が出ませんでした」と表示し，じゃんけんを終了する。

1　このプログラムは以下の8か所でエラーが発生している。(1)から(8)のエラーを修正してプログラムを完成させよ。なお，02行目の問題番号には「2-1」と入力すること。ファイル名は「2-1.py」として保存し，印刷を行うこと。

　(1)　34行目の文字列と変数の間にカンマ「,」がない。

　(2)　42行目の文字列がシングルクォーテーション「'」で閉じていない。

　(3)　04行目のモジュールをタイプミスしている。

　(4)　04行目のモジュールをtyとして利用しようとしている。

　(5)　15行目から17行目にhand_numberが0，1，2のいずれの値でもないとき，「手が出ませんでした」と表示し，じゃんけんを終了する。そのために，17行目には「sys，exit()」と命令する。

　(6)　29行目のyour_numberが整数型になっていない。

　(7)　31行目の「☆」に適切な数値を入力する。

　(8)　35行目から37行目，39行目から41行目の「★」に，それぞれ適切な数値を入力する。

2　35行目から37行目，39行目から41行目は，それぞれ3つの条件の論理和で分岐を行っている。your_numberとcpu_numberの関係に着目

して，それぞれ2つの条件の論理和，または1つの条件に改良せよ。なお，02行目の問題番号には「2-2」と入力すること。ファイル名は「2-2.py」として保存し，印刷を行うこと。

3　下の例に示すように，あいこになったときに，勝敗が決まるまで続けてじゃんけんを行うように，プログラムを改良せよ。なお，02行目の問題番号には「2-3」と入力すること。ファイル名は「2-3.py」として保存し，印刷を行うこと。

【問3実行結果例】

▼高校機械

【課題】

□製図

　与えられた部品の寸法をノギスで測定し，別紙(A3ケント紙)に第三角法で次の1から8の指示に従い組立図および部品図をかけ。

1　図面の尺度は2倍尺とし，寸法を記入する。

2　組立図と部品図をかくこととする。

3　ねじ部は略画法でかくものとし，ねじの呼びはM6とする。

4 各部品図の寸法数値は小数第1位まで記入するものとする。

5 かど，すみの面取りはC1として作図する。

6 投影図の数は必要最小限とする。

7 全体の製図法は，製図に関する日本産業規格(JIS)による。

8 輪郭線及び受験番号の記入方法は以下の通りとする。

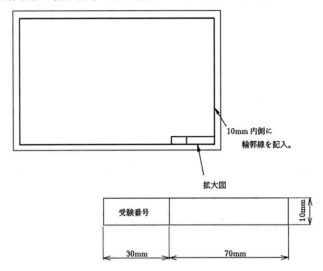

拡大図

受験番号		
30mm	70mm	

▼特別支援学校

【課題】

□指導案作成とその内容に関する質疑

［問題］

　知的障害者である児童に対する教育を行う特別支援学校の小学部における国語科の学習指導案(45分)を下記の様式により作成しなさい。

　対象は小学部6年生の5名である。本時は，題材「1学期の思い出を書こう」の2時間目(全5時間)である。この題材では，1学期の学習活動を振り返り，経験したことについて3文程度の文章を書く学習を行う。1時間目は，1学期の学習活動について写真や映像を用いて振り返り，書きたい活動の写真カードを選ぶ学習を行った。

　本時は，選んだ複数の写真カードを見ながら具体的な出来事を思い出し，文で表現する学習を行う。3時間目には，文章の構成を考え，原稿用紙に下書きを行う予定である。指導者は2名である。

　『本時の目標』を一つ設定し，展開の『時間』『学習活動』『指導上の留意点』『準備物等』について，児童が主体的に学習できるよう具体的に記述しなさい。なお，『本時の目標』は，文末を「～できる。」として，記述しなさい。

国語科　学習指導案

単　元　名	文で表現しよう	対象学年 児童数	小学部6年 5名	場　所	教室	指導者数	2名
児童の実態	学級の児童は，話すことが好きで，経験したことや感じたことについて，2～3語文で教師に伝えようとすることができる。しかし，伝えたいことをうまく言葉で表現できないと伝えることを諦めてしまう児童もいる。 国語科に関しては，ほとんどの児童が平仮名50音の読み書きができ，ものの名前や授業名など，知っている単語を書くことができる。経験したことを2～3語文で書くことができる児童もいるが，主語と述語との関係が適切でなかったり，助詞の使い方があいまいになったりするなど，文の形で表現することが難しい児童もいる。5名のうち1名（児童A）は，書く意欲はあるが，指先の力が弱く安定した筆圧で書くことに難しさがある。							
本時の目標	・							

展開（45分）

時間	学　習　活　動	指　導　上　の　留　意　点	準備物等

※100点満点

107

2022年度

◆実技試験(1次試験)

▼中高音楽・特支中高音楽

【課題】

□聴音

□ピアノ実技

□視唱

□弾き歌い

※合計50点満点

▼中学美術・特支中学美術

【課題】

□平面作品制作

□立体作品制作

※合計50点満点

▼中高保体・特支中高保体

【必修課題】

□陸上運動

□器械運動

【選択課題】

□選択1：球技3種目から1種目

□選択2：武道・ダンスから1種目

※合計50点満点

▼高校書道・特支高校書道

【課題】

□古典の臨書作品制作

□創作作品制作

※合計50点満点

◆集団討論　面接官4人　1グループ(10人程度)　40〜50分程度
　①面接委員…民間企業の人事担当者等，教員以外の行政職員を含む4名
　②面接時間等…1グループ(10人程度)　40〜50分程度
　③評価の観点…主として協調性・対応力・堅実性
　④総合評価…ABCDEの5段階評価
　▼小学校教諭　面接官4人　受験者10人　時間40分
【課題】
□保護者の方から「うちの子がいじめられている」という電話。
論点1：どのように対応していくか。
論点2：いじめが起きないようにするために，どのような対策をするか。
　・司会者，書記，発表者は指名されない(立てても立てなくてもよい)。
　・自分の意見をまとめる時間3分，話し合い25分，発表5分。
　・受験者は1〜10の番号が振られる。

　▼中学社会　面接官4人　受験者8人　時間30分
【課題】
□あなたは校則についてどう考えていますか。
□校則の問題を解決するために，どのような具体的な取組みをしますか。
【流れ】
　・廊下で受験番号順に並んで待機する。
　・廊下で受験者確認をされ，番号をわりあてられる。
　・問題用紙兼メモ用紙が配られ，メモ用紙に書かれている問題を試験官が読み上げる。
　・討論を進める際に，司会者・書記・発表者を決めるよう言われ，

発表者は討論の最後の5分間を使って発表するように面接官から伝えられる。

・3分間一人でまとめる。

・討論開始(初めに司会者・書記・発表者を決め，番号順に発表していく)

・ラスト5分で発表者が最終的に討論の中でまとまったことを発表。

・問題用紙兼メモ用紙を回収。

・終了

(その他に試験官に伝えられたこと)

・試験中に受験者は番号で呼び合うこと。

・司会者・書記・発表者を必ず決めること。

・試験官は討論が始まると一言も発しないこと。

・5分ごとに試験官がローテーションして座る位置を替えること。

(対策としての参考)

・東京都の集団討論練習に参加することは，十分対策になる。

・東京都の集団討論の内容に比べたら，栃木県の内容は易しいので，本番は楽に感じた。

・面接練習や小論対策を行い，学校教育についての知識を得ることが，集団討論に生かされる。

・東京都の集団討論の90秒スピーチを聞くだけでも面接対策や小論対策になるので，参加することをおすすめする。

▼中学理科　面接官4人　受験者7人　時間40分

【課題】

□校則についての考えと担任としてどのように取り組んでいくかを討論した。

・構想時間や討論の説明も時間に含まれていたため，内容を深めていく時間は十分ではなかった。発言回数も限られるため，様々な視点から課題を捉えていくことが重要だと思う。

・コロナ禍で受験者同士の間隔が広いため，大きな声で発言するよう

心掛けた。

▼高校公民　面接官4人　受験者8人　時間30分
【課題】
□あなたが考える社会で必要な資質・能力とは何か。また，生徒に社
　会で必要とされる資質・能力を身に付けさせるにはどうしたらよい
　か。学校の教育活動全体でどのように展開できるかを，自由に討論
　しなさい。
・このテーマが書いてある紙が配布され，3分考える時間が与えられ
　る。
・面接官4人が順番に歩き回って，評価表を書いていた。
・受験者はみなオーバーなほどうなずいたり，ニコニコしていた。
・面接官の方を向いて話してはいけない。
・出た意見は「主体的な学びが大切」「キャリア教育が大切」「コミュ
　ニケーション能力」などみな違う意見は出すが，まとまらなくて困
　った。
・だいたい一人4回は発言していたが，消極的で声が小さかった受験
　生は2回しか話せてなかった。
・挙手制だった。

◆個人面接(2次試験)　面接官4人　20〜25分
　①面接委員…民間企業の人事担当者等，教員以外の行政職員を含む4
　　名
　②面接時間等…1人20〜25分程度
　③評価の観点…主として指導力・堅実性・判断力
　④総合評価…ABCDEの5段階評価
　▼小学校教諭　面接官4人　時間20分
【質問内容】
□昨日と今日，ここに来るまでどのように過ごしたか。

□動機。

□場面指導。

□どんな学級にしたいか。

□県内どこでも勤務することは可能か。

□授業がうまくいかなかったときどうするか。

□苦手な教科はあるか，どう克服しようとしているか。

□授業でどんなことを教えたいか。

□楽しい授業にするためにどのような取組みをするか。

□挫折したことはあるか，その経験をどう活かすか。

□最後に伝えたいことはあるか。

【場面指導】

□図画工作の材料の準備のお願いの手紙を出したところ，1人の保護者から「うちは忙しくて準備することができないので学校で準備してください」と連絡があった。その対応をしてください。

・1番右側に座っていた面接官が保護者役となり，相づちや反論をしてくる。

・3分で完結してもしなくても，問題はない。

▼中学社会　面接官4人　時間20分

【質問内容】

□今日はどうやってきたか。

□待ち時間は何を考えていたか。

□今は緊張しているか。

□志望理由を1分程度で。

□(履歴書をもとに)大学ではマーチングをやっていたようですが，高校までは野球部だったのですね。

□なぜ大学でマーチングバンド部に入部したのか。

□栃木県の魅力は何か。

□栃木にも様々な地域があるが，勤務地はどこでも良いか。

【場面指導】

□あなたは卓球部の顧問です。あるとき，部室で3年生の部員が1年生の部員に対して正座をさせて指導をしていたようです。3年生から話を聞くとその部員も1年生のときに先輩から正座をさせられ指導されたと言います。あなたはどう指導しますか。
・構想30秒
・面接官の「私も1年生のときは正座をさせられて，指導を受けてきました。何がダメなんですか」から始まる。
○2人目の現職の校長
・先ほど栃木の魅力について話していたが，具体的には何か。
・その魅力を授業でどう取り入れていくか。
　→具体的には。
・今，中学生が一人一台のタブレットをもっているが，どんな教育が必要だと思うか。
　→あなたはどうやってその教育をしていきたいか。
　→具体的には。
・あなたは担任になったら，クラスの生徒にどんなことを大切にしてほしいか。
　→具体的にどうやって伝えていきたいか。
○3人目の教員以外の行政職員
・公務員として仕事をする上で必要だと思うことは何か。
　→それは大変ではないか。
・教員として生かせるあなたの良さは何か。
　→具体的にはどうやって生かしていきたいか。
○4人目の民間企業の人事担当者
・来週から栃木県にも緊急事態宣言が発令される。あなたはこのニュースについてどう考えているか。
・これからさらに感染拡大が進んだ場合，どうするべきだと考えているか。

▼中学理科　面接官4人　時間20分

【質問内容】

□主に願書の内容。

□教員を志望した理由。

□理科の授業について。等

・志望理由は1分程度で話すよう指示されたため，考えておくとよい。

【場面指導】

□夏休み明けに茶髪で登校してきた生徒がいた。この生徒に対してあなたはどのように指導するか。

▼高校公民　面接官4人　時間20分

【質問内容】

□午前中は何をしていたか。リラックスして答えてください。

□今勤務している学校の生徒の実情はどうか。

□教員を志望した理由は。

□専門分野は政治経済か，倫理か。その中での専攻単元は何か。

□総合的な探究の時間にどのような取組みを行いたいか。

□新しい学習指導要領で求められている力は。

□不登校を防止するにはどうすればよいか。

□スマホ使用について生徒に訴えたいことは。

□理想とする教師像は。

□今までどんな授業改善に取り組んできたか。

□職場の人間関係作りで大切なことは。

□学校と地域のかかわり方はどうすればよいか。

□ここだけは他の先生に負けないという点は何か。

□県内勤務地の希望や特支配属でもよいか。

・質問の幅が広くてバラエティーに富む。でも面接官はみなニコニコされていて，緊張も和らいだ。

・栃木県は，圧迫面接はない。

・コロナ禍のことやGIGAスクール構想，チーム学校など最新の教育時事が全然出ない。

・面接官は教育委員会の指導主事の方など。

・小論文は，マス目が小さく紙の質も悪くて，とても書きにくい。

・面接は，事前に練習しておくと効果的だと思う。特に校長など管理職の先生は面接官経験者であることもあるので，勤務先や教育実習先の先生に頼ってみるとよい。

◆実技試験(2次試験)

▼中高英語・特支中高英語

【課題】

□英語によるインタビュー

※100点満点

▼中学技術・特支中学技術

【課題1】

□パソコンに関する実技

　表計算に関する問いに答えよ。なお，表計算の利用については次のこととする。

・表計算処理ソフトウェア「エクセル」を使用する。

・作業シートには，受験番号を記載すること。

・作業には，別のシートを利用してもよい。

・インターネットでのブラウザによる検索は認められないが，オンラインヘルプについては使用してもよい。

・終了の合図後は，コンピュータの操作はせず，電源を落とさないこと。

・制限時間は，45分間とする。

・作成したデータのファイル名は受験番号とし，指示された場所に保存すること。

　各問いの条件に合うようにエクセルのシートを作成せよ。

> 1 作成について
> ・以下の内容に合わせて，シートの空欄を関数式やグラフ
> で解答すること。
> 2 内容について
> ・基礎データが変更されても，表示される内容が自動で計
> 算されること。

【課題2】

□木工製品の製作

　用意された材料及び道具を用いて，下の第三角法による正投影図で示された「本立て」を製作せよ。なお，作業時間は，けがきを含め，90分とする。

【組立図】

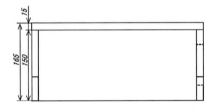

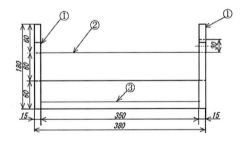

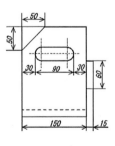

【材料表】

部品番号	部品名	仕上がり寸法（幅×長さ×板厚）　単位はmm	数量
①	側板	150×180×15	2
②	背板	60×380×15	1
③	底板	150×350×15	1

※合計100点満点

▼中高家庭・特支中高家庭
【課題1】
□食物(調理)　(50分)

> 1　きゅうりを半月切り(2mm以下)にしなさい。(30秒)
> 2　材料を適量用いて調理し，別々に盛りつけて提出しなさい。
> 　(1)　かに玉(ネギ，かにかま)
> 　(2)　あん

【課題2】
□被服(裁縫)　制限時間　60分

> 大人用マスクを作りなさい。

〈製作の条件〉
○形は，鼻・口・顎を覆うために適切な形とすること。
○ししゅうで装飾を施すこと。
○ゴムをとおす，または縫い込むこと。

> 工夫したこと

※合計100点満点

▼高校電気
【課題】
□回路の作成

[問題] 下の図は，SWの操作によりLEDを点滅させる回路である。部品を基板にハンダ付けし，回路を組み立てて完成させよ。ただし，部品表で示した部品はすべて使うこと。

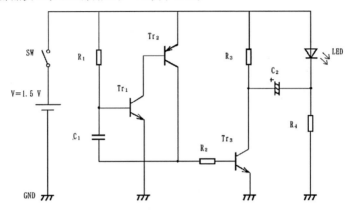

部 品 表

記　号	規　　格
Tr_1, Tr_3	2SC1815
Tr_2	2SA1015
C_1	$0.1\mu F$
C_2	$220\mu F$
R_1	$7.5\ M\Omega$
R_2	$100\ \Omega$
R_3, R_4	$1\ k\Omega$
LED	高輝度赤色LED
SW	スライドスイッチ
	電池ボックス

抵抗 カラーコード（ＪＩＳ）

色	数字	色	数字
黒	0	緑	5
茶	1	青	6
赤	2	紫	7
橙	3	灰	8
黄	4	白	9

※100点満点

▼高校機械

【課題】

□製図

　与えられた部品の寸法をノギスとスケールで測定し，別紙(A3ケント紙)に第三角法で次の1から8の指示に従い組立図および部品図をかけ。

1　図面の尺度は原寸とし，寸法を記入する。

2　組立図には寸法を記入しなくてよい。

3　ねじ部は略画法でかくものとし，ねじの呼びはM○とする。

4　各部品図の寸法数値は小数第1位まで記入するものとする。

5　かど，すみの丸みはR○として作図する。

6　投影図の数は必要最少限とする。

7　全体の製図法は，製図に関する日本産業規格(JIS)による。

8　輪郭線及び受験番号の記入方法は以下の通りとする。

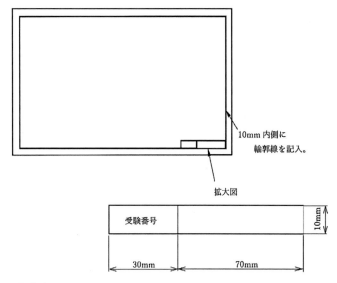

拡大図

※100点満点

▼高校建築

【課題】

□製図

　下の木造平屋建専用住宅の単線の図面を記入例にならい，複線の図面としてかけ。ただし，外壁は大壁とし，内壁は，和室・縁側においては真壁，それ以外は大壁とする。柱の寸法は105mm×105mmとする。縮尺は$\frac{1}{100}$とし，寸法，文字，方位，床仕上げの目地，家具，設備等を記入すること。

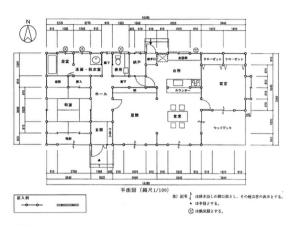

平面図（縮尺1/100）

注）記号 ━ は掃き出しの開口部とし、その他は窓の表示とする。
● は手摺とする。
⊗ は換気扇とする。

記入例

※100点満点

▼高校情報

【課題】

□プログラミング

　このプログラムは，プログラミング言語Pythonを用いて【仕様(初期)】に従って作成中の電卓アプリケーションプログラムである。

［仕様(初期)］

> 1.「0」〜「9」の数字キーおよび「C」(クリア)，「＋」(足し算)，「＝」(計算)の計13個のキーによる入力と，1行の数値が表示できる電卓。
>
> 2.1桁どうしの足し算ができる。
>
> 3.「0」〜「9」の数字キーが押されたとき，それぞれの数値が表示される。
>
> 4.「C」キーが押されたとき，表示を0にする。
>
> 5.「＋」キーが押されたとき，表示されている数値を2項演算の第1項に登録し，表示を0にする。
>
> 6.「＝」キーが押されたとき，入力されている数値を2項演算の第2項に登録した後，足し算を実行し，その結果を表示する。

［プログラム］(joho.py)

```
01    import tkinter as tki
02
03    current_number = 0
04    first_term = 0
05    second_term = 0
06    result = 0
07
08    def do_plus() :
09
10        global first_term
11        first_term = current_number
12        current_number = 0
13
14    def do_eq() :
15        global second_term
16        global result
17        global current_number
18        second_term = current_number
19        result = first_term + second_term
20        current_number = 0
21
22    def key() :
23        global current_number
24        current_number = n
25        show_number(current_number)
26
27    def clear() :
28        global current_number
29        current_number = 0
30        show_number(current_number)
31
32    def plus() :
33        do_plus()
34        show_number(current_number)
```

【実行結果】

```
35
36    def eq() :
37        do_eq()
38        show_number(result)
39
40    def show_number(num) :
41        e.delete(0, tk.END)
42        e.insert(0, str(num))
43
44    root = tk.Tk()
45    f = tk.Frame(root)
46    f.grid()
47
48    b1 = tk.Button(f, text='1', command=lambda:key(1))
49    b2 = tk.Button(f, text='2', command=lambda:key(2))
50    b3 = tk.Button(f, text='3', command=lambda:key(3))
51    b4 = tk.Button(f, text='4', command=lambda:key(4))
52    b5 = tk.Button(f, text='5', command=lambda:key(5))
53    b6 = tk.Button(f, text='6', command=lambda:key(6))
54    b7 = tk.Button(f, text='7', command=lambda:key(7))
55    b8 = tk.Button(f, text='8', command=lambda:key(8))
56    b9 = tk.Button(f, text='9', command=lambda:key(9))
```

```
57  b0 = tk.Button(f, text='0', command=lambda:key(0))
58  bc = tk.Button(f, text='C', command=clear)
59  bp = tk.Button(f, text='+', command=plus)
60  be = tk.Button(f, text='=', command=eq)
61
62  b1.grid(row=3, column=0)
63  b2.grid(row=3, column=1)
64  b3.grid(row=3, column=2)
65  b4.grid(row=2, column=0)
66  b5.grid(row=2, column=1)
67  b6.grid(row=2, column=2)
68  b7.grid(row=1, column=0)
69  b8.grid(row=1, column=1)
70  b9.grid(row=1, column=2)
71  b0.grid(row=4, column=0)
72  bc.grid(row=1, column=3)
73  be.grid(row=4, column=3)
74  bp.grid(row=2, column=3)
75
76  e = tk.Entry(f)
77  e.grid(row=0, column=0, columnspan=4)
78  clear()
79
80  root.mainloop()
```

※100点満点

［問題］

　次の1から7の問いに対してプログラムを修正，改良せよ。ただし，以下で示される行数は1，2ページに記載されている［プログラム］の行番号とする。プログラムは配られたUSBメモリ内にある「joho.py」を利用すること。編集には「IDLE」を使用し，動作確認を行った後，指示されたプログラムの印刷および配られたUSBメモリに「joho_○○○○_*.py」(○○○○：受験番号，＊：この後の指示による番号)として保存すること。ただし，各ファイルを区別できるようにした上で，動作を確認するためUSBメモリ内にファイルを複製してもよい。

1　このプログラムは以下の6か所でエラーが発生している。(1)から(6)のエラーを修正してプログラムを完成させよ。ファイル名は「joho_○○○○_1.py」として保存すること。

(1)　33行目の1文字目が全角スペースである。

(2)　38行目の字下げに誤りがある。

(3)　60行目は「"--+」と「'」が混在している。

(4)　1行目でtkinterをtkiとして利用しようとしている。

(5) 22行目は引数が必要である。正しい変数を()の中に入れよ。

(6) 9行目はcurrent_numberの宣言が必要である。global宣言せよ。

※ 次の2から7の問いについては順序に関係なくどの問いからでも取り組めるようになっている。

※ 各問いに保存したファイルで評価をするため，取り組めるものから取り組むこと。

※ 保存したファイルをコピーして再利用してもよい。

2 2桁以上の桁数で足し算ができるようにしたい。24行目に着目し，「0」～「9」のキーを押したとき，表示されているcurrent_numberを10倍して，押したキーの数字を加えることにより，入力中の数字の最小桁に数字を挿入できるように改良せよ。ファイル名は「joho_○○○○_2.py」として保存すること。

3 「C」キーを押すとcurrent_numberだけでなく，first_termやresultも初期値に戻したい。27行目からのclear関数を改良せよ。ファイル名は「joho_○○○○_3.py」として保存すること。

4 「＋」キーを押しても第1項がそのまま表示されているようにしたい。34行目を改良せよ。ファイル名は「joho_○○○○_4.py」として保存すること。

5 電卓のサイズを大きくしたい。表示される文字や各ボタンについて，桁数やフォントサイズを指定して電卓のサイズが大きくなるように改良せよ。ファイル名は「joho_○○○○_5.py」として保存すること。

※ 76行目を e=tk.Entry(f,width=20, font=('Helvetica', 50))に変更すると，表示される数字の桁数が最大20桁，フォントサイズを50に変更することができる。

6 色をつけて見やすくしたい，背景や各ボタンに色が付くように改良せよ。ただし，「0」～「9」の数字キーは同じ色とし，数字キー，「＋」キー，「C」キー，「＝」キー，背景はそれぞれ別の色とすること。ファイル名は「joho_○○○○_6.py」として保存すること。

※　45行目を　f=tk.Frame(root,bg='#ffffc0')に変更すると，背景の色をクリアな黄色に変更することができる。

> 各問いごとの保存はしていますか？　7に取り組む前に複製を保存しておきましょう。

7 「－」(引き算)，「＊」(掛け算)，「／」(割り算)の3つのボタンを追加して，四則演算ができるように改良せよ。ファイル名は「joho_○○○○_7.py」として保存すること。

【完成例】

▼特別支援学校
【課題】
□指導案作成とその内容に関する質疑
［問題］
　知的障害者である児童に対する教育を行う特別支援学校の小学部における算数科の学習指導案(45分)を下記の様式により作成しなさい。
　対象は小学部5年生の5名である。本時は，題材「ながさくらべ」の3時間目(全6時間)である。1時間目は，鉛筆などの具体物を使って二つの長さを直接比べる学習を行った。2時間目は，机や教科書の縦の長さと横の長さをひもに写し取って比べる学習を行った。
　本時は，前時までの学習内容を踏まえ，教科書の横の長さを写し取ったひもを使った長さ比べの授業を行う。指導者は2名である。

　『本時の目標』を一つ設定し，展開の『時間』『学習活動』『指導上の留意点』『準備物等』について，児童が主体的に学習できるよう具体的に記述しなさい。なお，『本時の目標』は，文末を「～できる。」として，記述しなさい。

算数科　学習指導案

単 元 名	うつしとってくらべよう	対象学年 児童数	小学部5年 5名	場　所	教室	指導者数	2名
児童の実態	(学級には，二つの具体物を観察して「長い」「短い」を判断することができる児童が多いが，中には長い方を「短い」，短い方を「長い」と表現する児童もいる。 　1時間目と2時間目の学習をとおして，二つの長さを比べるときには，一方の端をそろえてから比べることについて多くの児童が理解できるようになってきた。 　児童は日頃から具体物を操作する活動が好きである。しかし，新しいことに不安を感じたり，間違えることを恐れたりして活動に取り組めない児童が多い。5名のうち1名（児童A）は，片方の腕にまひがあり，腕を自由に伸ばしたり，ものを押さえたりすることが難しい。)						
本時の目標	・						

展開（45分）

時間	学 習 活 動	指 導 上 の 留 意 点	準備物等

※100点満点

2021年度

◆実技試験(1次試験)

　▼中高音楽・特支中高音楽

　【課題】

　□聴音

　□ピアノ実技

　□視唱

　□弾き歌い

　※合計50点満点

　▼中学美術・特支中学美術

　【課題】

　□平面作品

　□立体作品制作

　※合計50点満点

　▼中高保体・特支中高保体

　【必修課題】

　□陸上

　□器械運動

　【選択課題】

　□球技3種目から1種目

　□武道・ダンスから音楽

　※合計50点満点

◆集団討論(2次試験)　面接官4人　受験者7〜8人　30〜40分

　①面接委員…民間企業の人事担当者，教員以外の行政職員を含む4名

　②面接時間等…1グループ(10人程度)　40〜50分程度→コロナウイルス

　　対策等のため，受験者の人数と時間が上記のように減少・短縮された。

③評価の観点…主として協調性・対応力・堅実性

④総合評価…ABCDEの5段階評価

▼小学校

【課題】

□学級内に気に障ることがあると暴力を振るう児童がいる。そのため最近，その児童が孤立してきている。以下2点について討論しなさい。

①暴力を振るう背景として考えられること

②考えられる手立て。

・構想時間は3分。

・記録係・まとめ係を決めて討論した。

▼中学国語

【課題】

□保護者から「子どもが仲の良かった子とケンカをして，その子にSNSで悪口を書かれた。その子以外にも悪口を書き込んでいる子がいる」という訴えがあった。

論点1　問題点はどこか(何か)。

論点2　問題を解決するにはどうしたらよいか。

・問題用紙兼討論中のメモ用紙は回収される(メモの内容は評価に含まれない)。

【配置】

・面接官3〜4人が面接室の四隅にいる。

・受験者は，図の番号の位置に，面接室の中心を向くように座る。

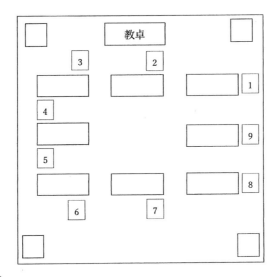

【流れ】

・廊下で受験者確認をした後，1人ひとり番号をあてられる。

・中に入ったら自分の番号の札がある席にいく。

・1番から自己紹介を順番にする(終わった人から着席)。

・問題用紙兼メモ用紙が配られ，問題の確認(試験官が読み上げる)。

・3分間1人で考えをまとめる。

・討論開始(初めに，司会，書記，発表者をそれぞれ1人決めた)。

・ラスト5分で発表者が最終的に討論の中でまとまったことを発表。

・問題用紙兼メモ用紙回収。

・終了。

・マスクは着用したままだった。

▼高校国語

【課題】

□主体的対話的で深い学びの授業実現に向けて，生徒1人ひとりの力を引き出し質の高い学びをするために，自分の専門教科でどのように取り組むか。

※フリートーク，発言は1分以内，挙手をしながら発言，互いはAさん
　Bさん…のように呼ぶ。
・いつも練習しているメンバーとは違う人とも練習しておいた方がい
　い。

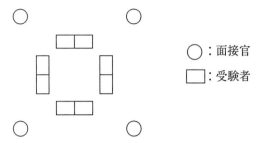

○：面接官
□：受験者

▼高校公民
【課題】
□新学習指導要領では「主体的・対話的な学び」を目指す授業改善に
　向けての提言がなされた。「主体的・対話的な学び」が形式的なも
　のとなることなく，より質の高い学びへつなげるにはどのように工
　夫すべきか。あなたの教科の中でどのように展開できるかを自由に
　討論しなさい。
・今年はコロナウイルス対策の影響で集団討論の人数が減り，面接時
　間も短くなった。
・マスク着用での受験だった。

▼養護教諭
【課題】
□学校を遅刻，欠席しがちな児童生徒に対して養護教諭としてどのよ
　うにアプローチするか。
・最後5分でまとめの発表があった。
・司会，書記などは立てずに(指定されずに)進められる。
・積極的に発言をしないと人数が多いので発言機会があまりなくなっ

てしまう。

◆個人面接(2次試験)　面接官4人　場面指導(構想30秒，実演3〜5分)を含む20〜25分
　①面接委員…民間企業の人事担当者，教員以外の行政職員を含む4名
　②面接時間等…1人20〜25分程度
　③評価の観点…主として指導力・堅実性・判断力
　④総合評価…ABCDEの5段階評価

▼小学校
【質問内容】
□何の交通機関でここまで来たか。
□勤務地はどこでもよいか。
□教員を生涯の職にしようと思ったのはなぜか。
□英語教育で大切にしたいことは何か。
　→英語は得意か苦手か。
　→英語は好きか嫌いか。
　→ALTの関わりに対して，不安や抵抗感はあるか。
□教員の資質能力とは何か。
　→(教育的愛情について答えたため)あなたの思う教育的愛情とは何か。
　→そのために，教員ができることは何か。
□大学の勉強以外で頑張ったことは何か。
□友達からどう思われているか。
【場面指導課題】
□Aさんは学習意欲がなく，宿題もやってこない。家庭の方へ協力してほしい旨を伝えると，「学校のことは手を出さない」と言われた。あなたはこの保護者にどう対応するか。
・試験官1人が保護者役となり2〜3回，やり取りをする。

・試験と試験の間の休憩が，長い人(65分)と短い人(10分)の差が大きい。

・最寄駅から会場まで，バス20分となっていたが，実際は40分だった。

▼中学国語

【質問内容】

□緊張しているか。

□近年，忙しい，大変といわれている教師を生涯の職にしようと思ったのはなぜか。

□自分で自覚している長所は。

　→直近でその長所が発揮されたエピソードはあるか。

□短所は。

　→短所を補うために何かしてきたか。

□周りの人からあなたはどんな人だと言われるか。

　→友達にあなたのどんなところが面白いと言われるか。

□栃木県以外に教員採用試験を受けたか。

□公務員や民間も受験した，または，これから受験するか。

　→もし教員も公務員も合格したらどちらを選ぶか。

□いじめについてどう思うか。

　→居心地のいい学級づくりをするのにどんなことをするか。

□保護者や地域の連携についてどう思うか。

□保護者からクレームがあった時，どう対応するか。

□子どもは好きか。

　→どんなところが好きか。

□逆に子どものどんなところが怖いと思うか。

□国語で大切にしたいことは何か。

□考えの合わない人とどうやって接してきたか。

□教師になったとして，同僚とどう関わっていくか。

□協調性はあるか。

□もし4月から教師になった場合，勤務地はどこでもいいか。

・マスクは外すように指示される。

・1番から順に質問される。

・1つの質問に対し，1分程度で回答するように指示される。

【場面指導課題】

□登校してきた生徒に「おはよう」と挨拶をしたが，挨拶が返ってこなかった。次の日もその生徒に挨拶をしたが無視された。そこで「挨拶返してくれると嬉しいな」と言ったところ，「挨拶なんて別にしなくていいじゃん」と返ってきた。この生徒に対して，この後どのように対応するか。試験官1を生徒に見立てて対応しなさい。

・構想に30秒ほど与えられるが，メモなどは取れない。

・30秒経つと試験官1の「挨拶なんて別にしなくていいじゃん」から始まる。

・大体2，3回のやり取りで終了。試験官2に移る。

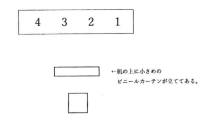

▼高校国語

【質問内容】

□受験番号，名前，所属と取得免許の確認。

□教育実習はどうなっているか。

□志望動機は。

　→具体的にどんな授業をしたいか。

□大学時代，一番頑張ったことは何か。

□自分が高校時代に受けた国語の授業を思い出して，今の国語で直した方がいいと思うところは。

□古典の授業は眠いなどと言われることがあるが，どうしたらいいか。

□大学で学んでいることと，それをどう生かせるか。

□自分が教師に向いていると思うところは何か。

　→他者と何か協力してやり遂げたことはあるか。

　→その中でどういう役割だったか。

□教員に欠かせない資質能力は何か。

□教師として自分に足りないと思う力は何か。

□緊張しているか。

□ストレス解消法は。

□体験型学習について，失敗するのが怖いからやりたくないと言っている生徒へどう対応するか。

　→もし，そのような生徒がクラスで1人だけいたら，他の生徒への指導もあるが，どう調整するか。

□義務教育の中で1つだけ新しい教科を作るなら何が必要か。

□コロナ以外のニュースで関心があることは何か。理由も簡潔に述べなさい。

□他に社会問題で関心のあるニュースはあるか。

□やりたい授業は論語だと言っていたがなぜか。

□自分が論語を学んだ中で印象に残っていることは何か。

□サークルのOBやOGと意見が合わないときどう対応したか。

□勤務地はどこになるかわからないが大丈夫か。

□特別支援学校になるかもしれないが了承してほしい。

・各質問に20〜30秒で答えたが，「それで終わりか」という表情をされた。面接官によっても違うと思うが，話したいことを長めにまとめて話す練習をしておけばよかった。つっこまれない質問もあり，言いそびれた。

▼高校公民

【質問内容】

□大学の所在地はどこか。

□スポーツ競技経験の有無。

□家庭学習の時間が少ない生徒にどのような声がけをするか。また，授業の進度確保のためにどのような取組みをするか。

□土曜日，あなたが部活動の引率中に大地震が起きたらどう対応するか。あなたが1番年上で，責任のある立場にいると仮定して答えなさい。

□若者の新聞離れについてどう考えるか。

□新聞とネットのニュースなら，信ぴょう性はそれぞれどうか。

□スポーツは好きか(部活動の指導に役立てられるか)。

□文武両道と，勉強のみ(あるいは部活動のみ)一生懸命頑張るのとでは，どちらが好ましいか。

□人間関係作りにおいて大切なことは何か。

□倫理と政治・経済ではどちらのほうが得意か。

▼養護教諭

【場面指導課題】

□口腔内に給食後かゆみや腫れを訴える児童の保護者に連絡をしたところ，仕事で行くことができないと言われた場合の電話対応について。

・1人目の面接官が実際の保護者役を行った。

【質問内容】

□場面指導における自己採点

　　→その点数をつけた理由は。

・面接官が4名いるので，とても圧を感じる。目の前に透明の仕切りがあり，マスクを外して行った。

・4名が順に質問してくる。

・1人目の面接官のときに場面指導を行った。

・他の面接官へ答えた質問に関しても，「先程，○○とおっしゃいましたが…」のように，追加で質問をされる。

・後半はリラックスして行えた。

・2次試験は事前に伝えられる情報が少ないが，順応することが大切。

◆実技試験(2次試験)

　※コロナウイルス対策等のため，2021年度の小学校教諭及び特支小学
　　部の実技試験は中止となった。

▼中高英語・特支中高英語
【課題】
□英語によるインタビュー
※100点満点

▼中学技術・特支中学技術
【課題1】
□パソコンに関する実技
　表計算に関する問いに答えよ。なお，表計算の利用については次の
　こととする。
・表計算処理ソフトウェア「エクセル」を使用する。
・作業シートには，受験番号と氏名を記載すること。
・作業には，別のシートを利用してもよい。
・インターネットでのブラウザによる検索は認められないが，オンラ
　インヘルプについては使用してもよい。
・終了の合図後は，コンピュータの操作はせず，電源を落とさないこ
　と。
・制限時間は，45分間とする。
・作成したデータのファイル名は受験番号とし，指示された場所に保
　存すること。

各問いの条件に合うようにエクセルのシートを作成せよ。

1　作成について
・以下の内容に合わせて，シートの空欄を関数式やグラフで解答すること。
2　内容について
・基礎データが変更されても，表示される内容が自動で計算されること。

受験番号 [　　　　　　　　]

問題1　下記は、1週間の図書館の本貸出数をまとめた表である。
関数を用いて、色のついたセルに次のものを表示せよ。
合計・・・1日の全てのクラスの貸出数の合計　　　平均・・・各クラスの5日間の貸出数の平均

		1組	2組	3組	4組	合計
6月1日	月	5	3	3	2	
6月2日	火	0	3	2	4	
6月3日	水	1	3	4	1	
6月4日	木	3	2	4	3	
6月5日	金	0	2	1	5	
平均						

問題2　関数を用いて、色のついたセルに今日の日付を表示せよ。

[　　　　　　　　　]

問題3　下記の表の数を整数表記にする場合、それぞれ「四捨五入」「切り上げ」「切り捨て」となるように、色のついたセルに関数を用いて表示せよ。

	四捨五入	切り上げ	切り捨て
1250.5			

問題4　色のついたセルに、「絶対参照」を用いて、下記の九九表を完成させよ。

	1	2	3	4	5	6	7	8	9
1									
2									
3									
4									
5									
6									
7									
8									
9									

問題5　下記の色のついたセルに、入力規則の機能を用いて、「1年」「2年」「3年」のいずれかを選択できるようにせよ

氏名	学年(1～3)
A	
B	
C	

問題6　下記の色のついたセルに数値を入力したときに、単位も表示できるようにせよ。
※「1」と入力したとき、セル内が「1冊」となる。

氏名	借りた本の数(冊)
A	
B	
C	

137

問題7　下記は、テスト結果をまとめた表である。
　　　判定基準に合わせて色のついたセルに「A」「B」「C」を入力した時、
　　　「C」を入力したときにセルが赤く表示されるようにせよ。

氏名	得点	判定
○○○	100	
×××	35	
☆☆☆	75	
△△△	55	
□□□	49	

判定基準

A・・・	80点以上
B・・・	40点以上
C・・・	40点未満

問題8　下記は、図書館の貸出一覧をまとめた表である。
　　　集計欄のクラスを入力すると色の付いたセルに、クラスの貸出総数が表示されるよう、関数を用いて入力せよ。

クラス	氏名	貸出数
1	A	3
2	B	2
3	C	4
3	D	2
3	E	1
1	F	1
2	G	1
2	H	2
1	I	5
1	J	4
1	K	1
1	L	2
2	M	3
3	N	4
2	O	4

集計欄

クラス	貸出総数

問題9　下記は、クラスの委員会名簿の表である。
　　　出席番号を入力すると色の付いたセルに、名前と委員会が表示されるよう、関数を用いて入力せよ。

出席番号	名前	委員会
1	A	体育
2	B	生活
3	C	広報
4	D	体育
5	E	放送
6	F	緑化
7	G	生活
8	H	放送
9	I	緑化
10	J	広報

出席番号	名前	委員会

問題10　下記は、気温と降水量について書かれた表である。
　　　平均気温と降水量について、折れ線グラフと棒グラフの複合グラフを作成せよ。

月	平均気温	最高気温	最低気温	降水量
1月	5.2	9.6	0.9	52.3
2月	5.7	10.4	5.7	56.1
3月	8.7	13.6	4.4	117.5
4月	13.9	19.0	9.4	124.5
5月	18.2	22.9	14.0	137.8
6月	21.4	25.5	18.0	167.7
7月	25.0	29.2	21.8	153.5
8月	26.4	30.8	23.0	168.2
9月	22.8	26.9	19.7	209.9
10月	17.5	21.5	14.2	197.8
11月	12.1	16.3	8.3	92.5
12月	7.6	11.9	3.5	51.0

【課題2】

□木工製品の製作

　　用意された材料及び道具を用いて，次の第三角法による正投影図で

示された「本立て」を製作せよ。なお，作業時間はけがきを含め，120分とする。

【組立図】

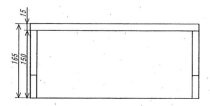

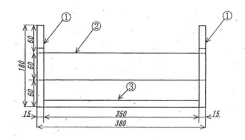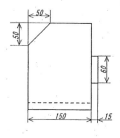

【材料表】

部品番号	部 品 名	仕上がり寸法（幅×長さ×板厚） 単位はmm	数量
①	側板	150×180×15	2
②	背板	60×380×15	1
③	底板	150×350×15	1

※合計100点満点

▼中高家庭・特支中高家庭

【課題1】

□調理

【課題2】

□裁縫

※合計100点満点

▼高校土木・特支高校土木

【課題】

□測量

　下図のABCD区域に，厚さ20cmの土間コンクリート施工を計画している。

　次の1，2，3の問いに答えよ。ただし，BC間(5.832m)とCD間(5.540m)の測距は既に済んでいることとする。

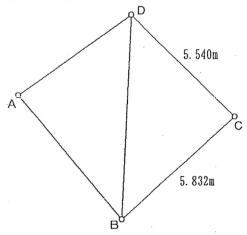

1　ここには，上図に示したABCD区域のABDの測点が設置されている。トータルステーション及び反射プリズム等を用いて，必要な距離及び角度を測定して野帳に記入せよ。ただし，測定の際は次の条件を満たすこと。

[条件]

・角観測は，一対回測定すること。

・測距は，各測線とも必ず2回測定すること。

　観測終了後は，各測点上にトータルステーション及び反射プリズムを据え付けたままの状態にしておくこと。

2　1で測定した値と既に測定してある値を用いて，必要なコンクリート量[m³]を求めよ。

3　土間コンクリートの施工をする際に必要と考えられる道具を5つあ

げ，その使用目的と使い方を述べよ。ただし，レディーミクストコンクリートは，アジテータトラックで運搬することとする。

2　次の(1)，(2)の問いに答えよ。

(1)　ある土試料について粒度試験を行い，下の表の結果が得られた。この土試料の粒径加積曲線をかけ。

(2)　(1)の結果から，この土試料を「土質材料を中分類する三角座標」によって分類せよ。

表　粒度試験

	粒径 [mm]	通過質量 百分率[%]
ふるい分析	9.50	100.0
	4.75	94.0
	2.00	79.0
	0.85	65.0
	0.425	48.0
	0.250	38.0
	0.106	29.0
	0.075	25.0
沈降分析	0.040	20.0
	0.018	15.0
	0.008	9.0
	0.001	4.0

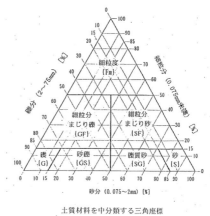

土質材料を中分類する三角座標

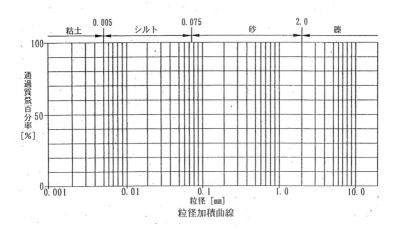

粒径加積曲線

※100点満点

▼高校機械・特支高校機械
【課題】
□製図

　与えられた部品の寸法をノギスとスケールで測定し，別紙(A3ケント紙)に第三角法で次の1から8の指示に従い組立図および部品図をかけ。

1　図面の尺度は原寸とし，寸法を記入する。

2　組立図には寸法を記入しなくてよい。

3　ねじ部は略画法でかくものとし，ねじの呼びはM○とする。

4　各部品図の寸法数値は小数第1位まで記入するものとする。

5　かど，すみの丸みはR○として作図する。

6　投影図の数は必要最小限とする。

7　全体の製図法は，製図に関する日本工業規格(JIS)による。

8　輪郭線及び受験番号の記入方法は以下の通りとする。

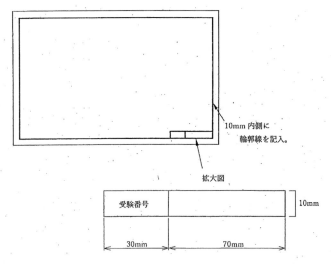

※100点満点

▼高校情報・特支高校情報

【課題】

□プログラミング

　プログラミング言語Pythonを使って1，2のプログラムを完成させよ。プログラムは「IDLE(Python 3.8 64-bit)」を用いてPython File(.py)で作成し，動作確認を行った後，印刷および配られたUSBメモリに保存すること。

1　turtleモジュールを使って星形を描くプログラムを完成させよ。ただし，下に記述された条件を参考にして，できるだけ少ない命令でつくること。USBメモリに「joho1_○○○○.py」(○○○○：受験番号)として保存すること。

(例：受験番号9999の場合，「joho1_9999.py」)

【ヒント】
・1行目は「from turtle import *」とする。
・forward()はタートルを前進させる，left()は左に回す関数である。

2　次の【課題】，【仕様】に従って，【実行結果】を表示させるプログラムを完成させよ。ただし，記述された【プログラム】は間違いが含まれている。USBメモリに「joho2_○○○○.py」(○○○○：受験番号)として保存すること。(例：受験番号9999の場合，「joho2_9999.py」)

【課題】

> パイソン（コンピュータ）がランダムに作成した 1～100 の数を当てるゲーム。
> プレイヤーは 10 回解答することができ、早く当てるほど高得点が得られる。
> 不正解の時には、ヒントを表示する。

【仕様】

1. パイソンが 1～100 までの中から数を 1 つランダムに選ぶ。
2. count（回数）と score（点数）を設定する。回数は 10 回、点数は 100 点を初期値とする。
3. 残り回数がある場合は、残り回数を表示し、数を入力してもらう。
   以下の条件で分岐し、コメントを表示する。正解以外は回数を 1 回、点数を 10 点それぞれ減らす。正解の場合は、終了する。
   - 1～100 以外の数字が打ち込まれた場合
   - パイソンの数を当てた場合
   - 差が 50 以上の場合
   - 差が 30 以上 50 未満の場合
   - 差が 10 以上 30 未満の場合
   - 差が 4 以上 10 未満の場合
   - 差が 1 以上 4 未満の場合
4. 残り回数が 0 の場合は、ゲームオーバーとする。

【実行結果：正解の場合の例】

```
パイソンは 1～100 の中から数を 1 つ選びました
挑戦できる回数は、あと 10 回です
パイソンが選んだ数を当ててください 101
1 ～ 100 までの数を書いてください
挑戦できる回数は、あと 9 回です
パイソンが選んだ数を当ててください 83
全然ちがうよ。50 以上も差があるよ
挑戦できる回数は、あと 8 回です
パイソンが選んだ数を当ててください 44
かなりちがうよ。30 以上 50 未満の差があるよ
挑戦できる回数は、あと 7 回です
パイソンが選んだ数を当ててください 25
まだ 10 以上 30 未満の差があるよ
挑戦できる回数は、あと 6 回です
パイソンが選んだ数を当ててください 2
まだ 10 以上 30 未満の差があるよ
挑戦できる回数は、あと 5 回です
パイソンが選んだ数を当ててください 9
すっごく近いよ
挑戦できる回数は、あと 4 回です
パイソンが選んだ数を当ててください 12
正解！ あなたの得点は 40 点です
```

【実行結果：10回不正解の場合の例】

```
・（略）
挑戦できる回数は、あと1回です
パイソンが選んだ数を当ててください 11
すっごく近いよ
残念。ゲームオーバーです
```

【プログラム】

```
import random
py_number = random.randint(1, 100)
print('パイソンは1〜100の中から数を'1つ'選びました')
count = 10
score = 100
while count => 0:
    print('挑戦できる回数は、あと' + str(count) + '回です')
    x = input('パイソンが選んだ数を当ててください')
    your_number = x
    if py_number < 1 or py_number > 100:
        print('1 〜 100 までの数を書いてください')
        count = -1
        score = -10
    sa = abs (             )
    if sa = 0:
        print('正解! あなたの得点は' + [        ] + ' 点です')
    elif sa >= 50:
        print('全然ちがうよ。50 以上も差があるよ')
        count = -1
        score = -10
    elif sa >= 30:
        print('かなりちがうよ。30 以上 50 未満の差があるよ')
        count = -1
        score = -10
    elif sa >= 10:
        print('まだ 10 以上 30 未満の差があるよ')
        count = -1
        score = -10
    elif sa >= 4:
        print('かなり近づいたよ。差は 10 未満だよ')
        count = -1
        score = -10
    else:
        print('すっごく近いよ')
        count = -1
        score = -10
else:
    print('残念。ゲームオーバーです')
```

※100満点

▼特別支援教諭

【課題】

□指導案作成とその内容に関する質疑

〈問題〉

　知的障害者である児童生徒に対する教育を行う特別支援学校の小学部における算数科の学習指導案(45分)を下記の様式により作成しなさい。

145

　対象は小学部3年生の5名である。本時は，題材「かずくらべ」の3
時間目(全6時間)である。1時間目と2時間目は，積み木を用いて，5ま
での数の多少を比べる学習を行った。

　本時は，前時までの学習内容を踏まえ，絵カードを用いて，5までの
数の多少を比べる授業を行う。絵カードには，5までの数のものの
絵が描かれている。指導者は2名である。

　「本時の目標」を1つ設定し，展開の「時間」「学習活動」「指導上の
留意点」「準備物等」について，児童が主体的に学習できるよう具体
的に記述しなさい。なお，「本時の目標」は文末を「〜できる」とし
て，記述しなさい。

算数科　学習指導案

単 元 名	5までのかずくらべをしよう	対象学年児童数	小学部3年5名	場　所	教室	指導者数	2名
児童の実態	学級の児童は，10までの数について，数詞とものとを対応させて，個数を正しく数えることができる。また，3までの数について，2枚の数字カードで比べ，大小が分かる。 　1時間目と2時間目の学習をとおして，積み木を数えたり並べたりして比較し，5までの数の多少を理解することができた。 　児童は日頃から具体物を操作する活動が好きである。しかし，何をするかが明確でないと不安を感じて取り組めなかったり，一度うまくいかないことがあると活動を止めてしまったりする児童が多い。5名のうち1名（児童A）は，指先を用いる細かい動きのコントロールが苦手である。						
本時の目標	・						

展開（45分）

時間	学 習 活 動	指 導 上 の 留 意 点	準備物等

※100満点

2020年度

◆実技試験(1次試験)

　▼中高音楽・特支中高音楽

　【課題】

　□聴音

　□ピアノ実技

　□視唱

　□弾き歌い

　※合計50点満点

　▼中学美術・特支中学美術

　【課題】

　□平面作品

　□立体作品制作

　※合計50点満点

　▼中高保体・特支中高保体

　【必修課題】

　□陸上

　□器械運動

　【選択課題】

　□球技3種目から1種目

　□武道・ダンスから1種目

　※合計50点満点

◆集団面接(1次試験)　面接官3名(PTA関係者を含む)　受験者10名程度

　40分

　※評価の観点…主として堅実性・対応力・品位

※総合評価…ABCの3段階評価
▼小学校教諭
【質問内容】
□教師としてのやりがいは何だと思うか。
□児童に授業がわからないと言われたらどうするか。
□忘れ物をする児童とその保護者に対しどのように対応するか。
□授業中大声を出してしまったり，教室を走り回ったりしてしまう児
　童に対しどうするか。
□家庭と，家庭の役割とは何か。
・挙手制。
・会場は中学校の教室(机あり)。
・事前に他の受験者と挙手の仕方等を全員で統一した。

▼養護教諭
【質問内容】
□養護教諭のやりがいとは？
□保護者と連携する上で工夫していること。
□教員として子どもに何を教えていきたいか。

◆適性検査(2次試験)　40分
▼小学校教諭
【検査名】
□MMPI
・性格に関わるアンケート

▼養護教諭
【検査名】
□YG
・CDの声を基に質問に○×△の形式で答えていく。

▼養護教諭

【検査名】

□YG

・はい，いいえで答える

◆集団討論(2次試験)　面接官4人　受験者10人　40分

①面接委員…民間企業の人事担当者，教員以外の行政職員を含む4名

②面接時間等…1グループ(10人程度)40～50分程度

③評価の観点…主として協調性・対応力・堅実性

④総合評価…ABCDEの5段階評価

▼小学校教諭

【課題】

□あなたのクラスに嫌いな食べ物を給食で残す児童がいる。他の児童は嫌いでもみんな食べるよう頑張っている。「一口でも頑張ろう」と言っても食べない。次の日，その児童の母親が「嫌いなものを食べなくても生きていけるんだから，うちの子には無理に食べさせないでください」と言ってきた。あなたは児童に食べさせるのをやめるか。それとも母親に理解を求めるか。

・構想時間は3分，課題が書かれた紙に好きに書いてよい(後に回収)。

・挙手制で，1人ずつ意見を言う時間を特別にとることはない。

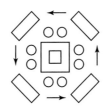

　○…受験者

　□…面接官(面接官がまわりを回る)

▼養護教諭

【課題】

□野菜が嫌いな児童がいる。給食の時間少しずつ食べさせていたところ，放課後に保護者から無理やり食べさせるようなことはやめてほしいと連絡があった。あなたは保護者に理解を求めるか，それとも，保護者の意向を尊重するか立場を決めて話し合う。

・他の方の意見は，アイコンタクトをし，笑顔で聞くように心がけた。

▼養護教諭

【課題】

□好き嫌いがあり，給食を残してしまう子に食べるよう指導したところ，保護者から無理に食べさせないでほしいと言われた。保護者の意見を尊重し食べさせないか，保護者に納得してもらい食べさせるよう指導するか。立場を決めて討論する。

・課題の紙は回収されるが，メモはとれる。

◆個人面接(2次試験)　場面指導 (構想30秒，3分)を含む20〜25分

①面接委員…民間企業の人事担当者，教員以外の行政職員を含む4名

②面接時間等…1人20〜25分程度

③評価の観点…主として指導力・堅実性・判断力

④総合評価…ABCDEの5段階評価

▼小学校教諭

【質問内容】

□昨日の夜はよく眠れたか。

□他の自治体は受けたか。

□どちらで教師をやるか。

□赴任地の希望はあるか。

□履歴書に司書教諭の資格が書かれているがもう取得したか。

□学校図書館を地元でもどこでもよいので仮定して，どんなことを行

っていくか教えてください。

□カリキュラム・マネジメントはどんなことか知っているか(上の質問の答えで使ったため)。

□教員は公務員でもあるが，公務員として大切なことはどんなことだと思うか。

□無人島に1つ何か持っていくとしたどんなものを持っていくか。

□スーパーマーケットに様々なものが並んでいるが，あなたがその商品の1つになるなら何になるか(調味料と答えた)。

　　→具体的にどんな調味料か。

　　→自分をいくらだと思う(中間くらいと答えた)。

　　→具体的な値段を言ってください。

□最後に試験官に何か質問があったら自由にしてください。全体にでも指名して特定の試験官にしても構いません。

【場面指導課題】

□ハンドベースボールでAさんのチームは1度も勝てなかった。Aさんは「○○ちゃんがいたから勝てなかった」と言っている。試験官を児童に見立てて指導を行ってください。

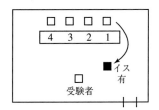

・1の面接官が■に移動し，その方を児童に見立てて行う。児童として返答をされる。

・2回繰り返す。

・試験官からの返答が多いため，対応力が求められる

▼養護教諭

【質問内容】

□現在勤めている中学校は，どんな学校か。

□会場までは，どのように来たか。

□教員採用試験は，何回受験しているか。その中で2次試験の経験は
　あるか。

□2次試験に落ちた理由は，自分では何だと思うか。また，今回の試
　験のためにどのような準備をしてきたか。

□看護資格や保健師資格を持っているようだが，養護教諭を選んだの
　には，何か理由があるのか。

□資格以外で，何か学んでいることはあるか。

□自分が教師に向いている所は何だと考えているか。

□学生時代でも，講師経験の中でも何でもよいので，成功体験を教え
　て下さい。

□いつも元気で明るい子が，暗い顔をして，保健室に入ってきた。あ
　なたは，どのような表情で，どんな声かけをするか，実際にやって
　みてください。

□また，その子が保健室から教室へ戻るとき，どんな表情でどんな声
　かけをするかも実際にやってみてください。

□あなたの赴任した中学校は，とても荒れています。保健室も生徒の
　溜まり場になっていて，授業が始まっても教室へ戻ろうとしない。
　あなたは，どのように対応するか。

【場面指導課題】

□あなたは，ある小学校の養護教諭です。担任の先生から，「毎日同
　じ服を着ている小学校5年生の子が気になる。話をきいてもらえま
　せんか。」と言われたため，その子に話をきいた。その後，保護者
　から，「家庭の問題なのだから，首を突っ込まないで欲しい。」と連
　絡があった。どのように対応するか答えて下さい(構想30秒)。

〈面接官の反応〉

・自分のことは自分で行わせている。

・ネグレクトだと思われていて，心外である。

・先生から指導して下さいよ。

・こっちだって忙しいんだ。

▼養護教諭

【質問内容】

□養護助教諭として勤務している学校について。

□大規模校と小規模校ではどちらがよいか。

□部活には参加しているか。

□熱中症への対応。

□長所をどう生かしていくか。また，短所は何か。

□いじめや不登校にどう対応するか。また，保護者との関わり方。

□ストレス解消法。

□養護教諭でなければ，何になりたいか。

【場面指導課題】

□Aくんが先生には話すけど…と，いじめられていることを伝えてきた。あなたはどのように対応していくか。

・面接官の1人が子どもの役をやり，対話しながらやる。

・3分経つと終わりになり，途中でも次の質問になる。

・面接のときにその後はどのように対応しますか？と質問されることもある。

◆実技試験(2次試験)

▼小学校教諭・特支小学部

【課題1】

□電子オルガンを使った弾き歌い

　次の指定曲のうち，はじめに，受験者が選んだ曲を電子オルガンで弾きながら歌う。次に，試験委員が指定した曲を電子オルガンで弾きながら歌う。

指定曲…『小学校学習指導要領(音楽)』で示されている共通教材より

　　「夕やけこやけ」「もみじ」「おぼろ月夜」

※ABCの3段階評価

※楽譜は各自持参する

・試験時間5分程度。弾き語りの課題曲は3曲，1曲目は自選，2曲目は

指定され，合計2曲演奏する。

・指定時間の2分前に教室前へ行く。

【課題2】

□水泳(25m，泳法自由)

□基本的な運動技能に関する実技(マット運動，跳び箱，詳細は当日指定する)

※各種目ごとにABCの3段階評価

・マット運動は連続技3つ(違うものをやれという指定はない)。練習は1回。体育館で行う。30人くらいで順番に行う。くつ，靴下，メガネ，着脱自由。

・跳び箱は開脚跳び(女子は5段)。練習は1回，本番1回(マットが全員終わったら移る。男子と同じ高さで練習していたら跳びすぎた)。

・水泳25m，泳法自由。短いプールで1回練習して本番。化粧を落とすように言われるため，女子は化粧落としと午後面接がある場合はメイクポーチも必要。

【課題3】

□小学校における英語教育で扱う程度の簡単な英会話

※ABCの3段階評価

・教室の自己紹介を想定して行う。

・カード(sports，food，travel)3枚の中から1枚選び，必ず組み込んで自己紹介する。

▼中高英語・特支中高英語

【課題】

□英語によるインタビュー

※100点満点

▼中学技術・特支中学技術

【課題1】

□パソコンに関する実技

　　表計算に関する問いに答えよ。なお，表計算の利用については次の

こととする。
・表計算処理ソフトウェア「エクセル」を使用する。
・作業シートには，受験番号と氏名を記載すること。
・作業には，別のシートを利用してもよい。
・インターネットでのブラウザによる検索は認められないが，オンラインヘルプについては使用してもよい。
・終了の合図後は，コンピュータの操作はせず，電源を落とさないこと。
・制限時間は，45分間とする。
・作成したデータのファイル名は受験番号とし，指示された場所に保存すること。

　ある商店の「7月の売上」について，集計表が用意されている。以下の条件に合うようにエクセルのシートを作成せよ。
1　作成について
・事前に準備されている「7月の売上」を活用すること。
・以下の内容に合わせて，シートの空欄を関数式やグラフで解答すること。
2　内容について
①「売上目標との比較」では，その日の「売上」と「1日の売上目標」を比較せよ。また，休業日は空欄になるように関数式で，表示や非表示ができるようにすること。
②「売上の順位」では，その月の中で，その日の売上金額の順位を求めよ。また，休業日は空欄になるように関数式で，表示や非表示ができるようにすること。
③「売上集計表」の項目にある「営業日の日数」，「売上40000円未満の日数」，「売上40000円以上，80000円未満の日数」，「7月最大の売上」，「7月最小の売上」，「7月の平均の売上」，「7月の売上合計」，「日曜日の売上の平均」を求めよ。
④「度数分布表」を完成させよ。

⑤「売上日の状況」では,「日」に1から31までの数字を入れると,その日の「売上(円)」,「売上の順位」,「売上目標との差」が自動的に表示できるようにせよ。

⑥「7月の売上と売上目標との比較のグラフ」では,7月の毎日の「売上」と「1日の売上目標」の差がわかるグラフを作成せよ。

⑦ 基礎データが変更されても,①から⑥については,表示される内容が自動で計算されること。

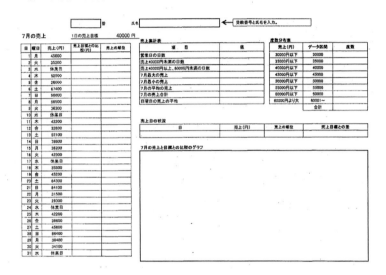

【課題2】

□木工製品の製作

用意された材料及び道具を用いて,次の第三角法による正投影図で示された「整理箱」を製作せよ。なお,作業時間はけがきを含め,120分とする。

【組立図】

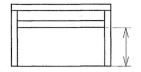

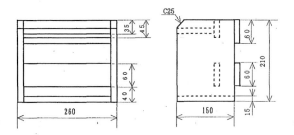

C25

【材料表】

部品番号	部 品 名	仕上がり寸法（幅×長さ×板厚）　単位はmm						数量
①	整理箱左側板	150	×	210	×	15		1
②	整理箱右側板	150	×	210	×	15		1
③	底板	150	×	230	×	15		1
④	中板	100	×	230	×	15		1
⑤	仕切り板（上）	45	×	230	×	15		1
⑥	背板（上）	60	×	260	×	15		1
⑦	背板（下）	60	×	260	×	15		1
⑧	仕切り板（下）	60	×	230	×	15		1

【木取り図例】

《板材A》

《板材B》

【条件】

①受験生に渡す材料　板材A　　　　150 × 900 × 15　　1枚
　　　　　　　　　　板材B　　　　 60 × 900 × 15　　1枚
　　　　　　　　　　くぎ　　　　　　　　　　N35　　30本
　　　　　　　　　　木工ボンド　　　　　　　　　　　1個

②使用可能工具等　　さしがね、直角定規、両刃のこぎり、平かんな、けずり台、四つ目ぎり、はたがね、
　　　　　　　　　　げんのう、木づち、くぎ抜き、木工やすり、紙やすり

③その他　　　　　　組立後、終了した者は作品に受験番号を記入し提出する。

※合計100点満点

▼中高家庭・特支中高家庭
【課題1】
□調理
【課題2】
□裁縫
※合計100点満点

▼高校電気・特支高校電気
【課題】
□回路の作成
　　下図は，フォトインタラプタの操作によりLEDを点滅させる回路で

ある。次の手順で回路を完成させよ。

1 部品を基板にハンダ付けし，回路を組み立てて完成させよ。ただ
 し，部品表で示した部品はすべて使うこと。

2 下の表のとおりにフォトインタラプタの信号を通過，遮断させる
 ことにより，LEDが点灯，消灯することを確認せよ。

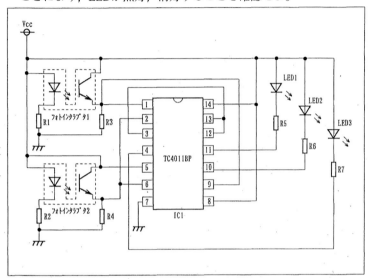

フォトインタラプタ1	フォトインタラプタ2	LED1	LED2	LED3
通過	通過	消灯	点灯	点灯
遮断	通過	点灯	消灯	点灯
通過	遮断	点灯	点灯	消灯
遮断	遮断	点灯	消灯	消灯

部 品 表

記 号	規 格
R1, R2	３３０Ω
R3, R4	１０kΩ
R5, R6, R7	５１０Ω
IC1	TC4011BP
フォトインタラプタ1 フォトインタラプタ2	透過型フォトセンサ
LED1	赤色LED
LED2	緑色LED
LED3	黄色LED
	電池ソケット
	スペーサー（ねじ付き）

抵抗 カラーコード（ＪＩＳ）

色	数字	色	数字
黒	0	緑	5
茶	1	青	6
赤	2	紫	7
橙	3	灰	8
黄	4	白	9

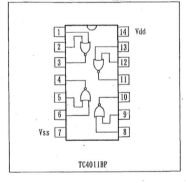

ＩＣ１　ピン配置

TC4011BP

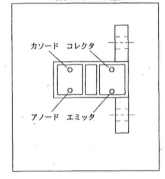

フォトインタラプタ　ピン配置

カソード　コレクタ

アノード　エミッタ

※100点満点

▼高校機械・特支高校機械

【課題】

□製図

　与えられた部品の寸法をノギスとスケールで測定し，別紙(A3ケント紙)に第三角法で次の1から8の指示に従い組立図および部品図をかけ。

1 図面の尺度は原寸とし，寸法を記入する。

2 組立図には寸法を記入しなくてよい。

3 ねじ部は略画法でかくものとし，ねじの呼びはM○とする。

4 各部品図の寸法数値は小数第1位まで記入するものとする。

5 かど，すみの丸みはR○として作図する。

6 投影図の数は必要最小限とする。

7 全体の製図法は，製図に関する日本工業規格(JIS)による。

8 輪郭線及び受験番号の記入方法は以下の通りとする。

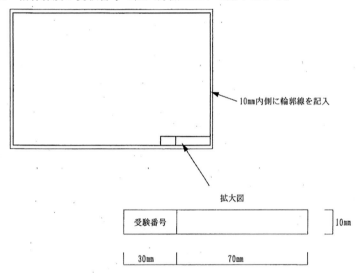

※100点満点

▼高校建築・特支高校建築

【課題】

□製図

　下の木造平屋建て専用住宅の単線の図面を次の例にならい，複線の図面としてかけ。ただし，外壁は大壁とし，内壁は，和室においては真壁，それ以外は大壁とする。柱の寸法は105mm×105mmとする。ま

た，縮尺は$\dfrac{1}{100}$とし，方位，床仕上げの目地，家具，設備等を記入すること。

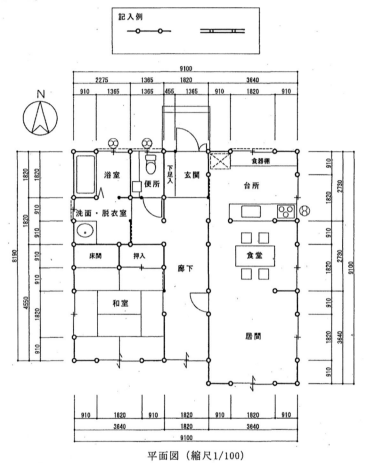

平面図（縮尺1/100）

注）記号 ⌇ は掃き出しの開口部とし，その他は窓の表示とする。

● は半柱とする。

⊗ は換気扇とする。

※100点満点

▼特別支援教諭
【課題】
□指導案作成とその内容に関する質疑
〈問題〉

　知的障害者である児業生徒に対する教育を行う特別支援学校の小学部における国語科の学習指導案(45分)について，下記の様式により作成しなさい。

　対象は小学部5年生の5名である。本時は，題材「おおきなかぶ」の4時間目(全6時間)である。1時間目は，「おおきなかぶ」の大型絵本を見たり教師と一緒に読んだりしながら物語のあらすじを捉える学習を行い，2，3時間目は，登場人物の動きや「かぶ」の状態を確認したり，繰り返しのある言葉(「うんとこしょ　どっこいしょ」など)を教師と一緒に読んだり動作で表現したりする学習を行った。

　本時は，前時までの学習内容を踏まえ，物語のあらすじを振り返りながら，登場人物になりきって劇遊びをし，想像を広げたり，理解を深めたりする学習を行う。指導者は2名である。

　『本時の目標』を1つ設定し，展開の『時間』『学習活動』『指導上の留意点』『準備物等』について，児童が主体的に学習できるよう具体的に記述しなさい。なお，『本時の目標』は，文末を「～できる。」として，記述しなさい。

国語科　学習指導案

題　材　名	劇遊びをしよう	対象学年児童数	小学部5年5名	場　所	教室	指導者数	2名
児童の実態	学級の児童は、友達とかかわることが好きで、簡単な会話を楽しむことができる児童が多いが、相手の思いや考えを受け止めることが難しいことがある。国語の授業への意欲は高く、易しい読み物は、挿絵を手掛かりに大まかなあらすじを理解することができる。しかし、生活経験が少ないため、読み物の中に登場する具体物や人物の行動、場面の様子などの具体的なイメージをもつことが難しい児童が多い。5名のうち1名（児童A）は、平仮名を読むことはできるが、人前で声を出すことが苦手である。						
本時の目標	・						

展開（45分）

時間	学　習　活　動	指　導　上　の　留　意　点	準備物等

※100点満点

2019年度

◆実技試験(1次試験)

▼中高音楽・特支中高音楽

【課題】

□聴音

□ピアノ実技

164

□視唱
□弾き歌い
※合計50点満点

▼中学美術・特支美術
【課題】
□平面作品制作
□立体作品制作
※合計50点満点

▼中高保体・特支中高保体
【必修課題】
□陸上
□器械運動
【選択課題】
□球技(3種目から1種目選択)
□武道・ダンス(どちらか1種目選択)
※球技，武道・ダンスからどちらかを選択
※合計50点満点

◆集団面接(1次試験) 面接官3〜4人　受験者7〜8人　40〜50分
　※評価の観点：堅実性・対応力・品位
　▼小学校教諭
【質問内容】
□教師になったら一番児童に伝えたいことはなにか。
□保護者との信頼関係をどう築くか。
□確かな学力をつけるためにどんな取組をするか。
□教員の資質向上のために何を大切にし，具体的にどのような取組を
　していくか。

▼小学校教諭

【質問内容】

□子供に一番伝えたいことはなにか。

□ロシア「サッカーワールドカップ」のポーランド戦の後半35分から
　のパス回しについて，ありかなしか。またその理由も答えよ。

□宿題をなかなかやってこない児童にどう対応するか。

□学校にきたくないと言っている児童にどう対応するか。

□教師を志望した理由は何か。

▼高校数学

【質問内容】

□ボランティアはどのようなことを行ったか。

□教育における家庭の役割は何だと思うか。

□授業中に教室で生徒が急に大声を出しはじめたらどうするか。

□いじめられていると保護者から連絡がきたらどのように対応するか。

・受け答えの内容よりも，受け答えの仕方や立ち居振る舞いを見られ
　ているように感じた。

▼高校家庭

【質問内容】

□授業中，出歩いてしまう生徒にどう対応するか。

□キャリア教育について

□生徒の人間関係力をつける方法は。

□趣味，特技をどう教育に生かすか。

・順番に質問される形式と挙手制の質問がある。

・発言は，簡潔に1分以内に答えてくださいと注意される。

▼養護教諭

【質問内容】

□養護教諭として子どもたちになにを伝えたいか。

□用事がないのに頻繁に保健室に来室する子どもに，どう対応するか。

□保護者から「子どもが担任が怖くて学校に行きたくない。」と電話があった場合，どう対応するか。

◆実技試験(2次試験)

▼小学校教諭・特支小学部

【課題1】

□電子オルガンを使った弾き歌い

　次の指定曲のうち，はじめに，受験者が選んだ曲を電子オルガンで弾きながら歌う。次に試験委員が指定した曲を電子オルガンで弾きながら歌う。

指定曲…『小学校学習指導要領(音楽)』で示されている共通教材より「うみ」「春の小川」「こいのぼり」

※楽譜は各自持参する。

※ABCの3段階評価

【課題2】

□水泳・マット運動・跳び箱の3種目

※各種目ごとにABCの3段階評価

【課題3】

□小学校における英語教育で扱う程度の簡単な英会話

※ABCの3段階評価

・ネイティブと簡単な受け答え(How are you? Did you eat lunch?What did you eat?など)，1分間スピーチ(机の上に置かれた5枚の絵カードを用いて自己紹介)

▼中学技術・特支中学技術

【課題1】

□パソコンに関する実技

　表計算に関する問いについて答えよ。なお，表計算の利用について

は次のこととする。

・表計算処理ソフト「エクセル」を使用する。

・作業には，別のシートを利用してもよい。

・インターネットでのブラウザによる検索は認められないが，オンラインヘルプについては使用してもよい。

・終了の合図後は，コンピュータの操作はせず，電源を落とさないこと。

・制限時間は，45分間とする。

・作成したデータのファイル名は受験番号とし，指示された場所に保存せよ。

「各クラスの健康診断表」に結果を入力した名簿が用意されている。以下の条件に合うようにエクセルのシートを作成せよ。

1 作成について

・事前に準備されている「各クラスの健康診断表」を活用すること。

・表中の NO に表示されている「A01」は，A組01番，「B24」はB組24番を意味する。

2 内容について

① 全体の男子と女子の人数をそれぞれ表示すること。

② 4月生まれの人数を表示すること。

③ 各クラスの男女別の平均身長と平均体重を表示すること。

④ 各クラスの男女別の平均身長と平均体重の棒グラフを見やすく作成すること。

⑤ 全体の身長の最大値と最小値をそれぞれ表示すること。

⑥ 全体の男子と女子の身長の中央値と体重の中央値をそれぞれ表示すること。なお，その際，Sheet2を活用し，表の並び替えを行って中央値を求めること。

⑦ 表示ナンバーを入力すると，ふりがな，氏名，生年月日，性別，身長，体重が表示されること。

⑧ 視力の度数分布を表示すること。

⑨　基礎データが変更されても，①～⑤については表示が自動で計
算される内容であること。

【課題2】

□木工製品の製作

〈1〉　用意された材料及び道具を用いて，下の第三角法による正投
　影図で示された「小物入れ」を製作せよ。なお，作業時間はけがき
を含め，120分とする。

【組立図】

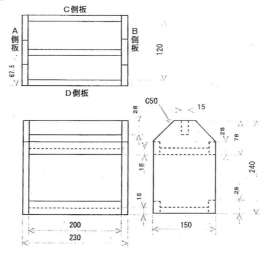

【材料表】

部品番号	部　品　名	仕上がり寸法〈幅×長さ×板厚〉　単位はmm	数量
①	A側板	150×240×15	1
②	B側板	150×240×15	1
③	C側板（上・下）	28×200×15	2
③	D側板（上・下）	28×200×15	2
④	中板	120×200×15	1
⑤	底板	120×200×15	1
⑥	小物入れ持ち手	28×200×15	1

【木取り図例】
《板材A》

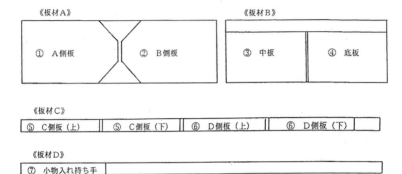

〈条件〉

【条件】

①	受験生に渡す材料	板材A	150×490×15	1枚
		板材B	150×405×15	1枚
		板材C	28×900×15	1枚
		板材D	28×900×15	1枚
		くぎ	N35	30本
		木工ボンド		1個

② 使用可能工具等　さしがね，直角定規，両刃のこぎり，平かん
な，けずり台，四つ目ぎり，はたがね，げん
のう，木づち，くぎ抜き，木工やすり，紙や
すり

③ その他　　　　　組立後，終了した者は作品に受験番号を記入
し提出する。

※合計100点満点

▼中学家庭・特支中学家庭
【課題1】

□調理

材料を適量用いて調理し，提出しなさい。

  (1)　ハンバーグステーキ

       付け合わせ　にんじんのグラッセ

                さやいんげんのソテー

     一人分を調理して提出すること

     にんじんは厚さ1cm程度の輪切りにすること

     ソースは作らなくてよい

  (2)　野菜サラダ　フレンチドレッシング

     次の野菜については以下の切り方とする

     ・キャベツ　せん切り

     ・トマト　　くし形切り

     ・きゅうり　2mm程度の小口切り

     一人分を調理して提出すること

     ドレッシングについては，別の器で提出すること

※制限時間　50分

【課題2】

□被服

用意された材料を用いて，防災リュックを製作しなさい。

◆作成上の条件◆

  ○　防災リュックとして工夫したことを下の欄に記入すること。

  ○　配布された材料を，次のA・Bそれぞれについて選んで用いること。

  A：平ひも，丸ひも，D環のうちから1つ以上を用いること。

  B：スナップ，ボタン，ファスナーのうちから1つ以上を用いること。

  ○　あまり布等は作品と共にすべて提出すること。

  ○　縫いしろの始末〈ロックミシン等)は行わなくてよいこととする。

工夫したこと

※制限時間　60分
※合計100点満点

▼高校家庭・特支高校家庭

【課題1】

□調理

材料を適量用いて調理し，提出しなさい。

   (1)　涼拌三絲

      一人分を調理して提出すること

      かけ酢については，別の器で提出すること。

   (2)　牛奶豆腐

      二人分を調理して提出すること。

      1～1.5cm間隔のひし形に切り込みを入れ，シロップをかけること

※制限時間　50分

・材料の計量など，すべて自分で時間内に行う。器具の扱い方なども見られる。

【課題2】

□被服

用意された材料を用いて，幼児用ハーフパンツを製作しなさい。

◆作成上の条件◆

   ○　ポケットを1つ以上つけること(形・大きさは自由)

   ○　股上は重ね縫いをすること

   ○　ウエストはゴムを通すこと

※制限時間　60分

※合計100点満点

▼高校電気・特支高校電気

【課題】

□回路

　下図は，7セグメントLEDを点滅させる回路である。次の手順で回路を完成させよ。

1　部品を基板にハンダ付けし，回路を組み立てて完成させよ。ただし，部品表で示した部品はすべて使うこと。

2　下表のとおりにディップスイッチの操作により，7セグメントLEDが0から9を表示することを確認せよ。

3　7セグメントLED「5」と表示させよ。

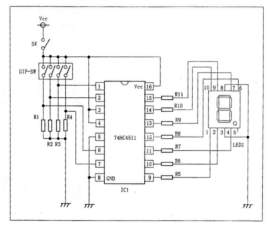

ディップスイッチ				7セグメントLED
D3	D2	D1	D0	
0	0	0	0	0
0	0	0	1	1
0	0	1	0	2
0	0	1	1	3
0	1	0	0	4
0	1	0	1	5
0	1	1	0	6
0	1	1	1	7
1	0	0	0	8
1	0	0	1	9

部 品 表

記 号	規 格
R1, R2, R3 R4	10 kΩ
R5, R6, R7 R8, R9, R10 R11	1 kΩ
IC1	74HC4511
DIP-SW	ディップスイッチ（4極）
LED1	7セグメントLED（カソードコモン）
SW	トグルスイッチ
	電池ソケット
	スペーサー（ねじ付き）

抵抗 カラーコード （JIS）

色	数字	色	数字
黒	0	緑	5
茶	1	青	6
赤	2	紫	7
橙	3	灰	8
黄	4	白	9

IC1　ピン配置

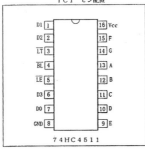

７４ＨＣ４５１１

LED1　ピン配置

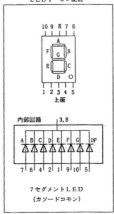

7セグメントLED
（カソードコモン）

※合計100点満点

▼高校機械・特支高校機械

【課題】

□製図

　与えられた部品の寸法をノギスとスケールで測定し，別紙(A3ケント紙)に第三角法で次の1から8の指示に従い組立図および部品図をかけ。

1　図面の尺度は倍尺（2：1）とし，寸法を記入する。

2　組立図には寸法を記入しなくてよい。

3　ねじ部は略画法でかくものとし，ねじの呼びはM6とする。

4　各部品図の寸法数値は小数第1位まで記入するものとする。

5　かどの丸みはR2として作図する。

6　投影図の数は必要最小限とする。

7　全体の製図法は，製図に関する日本工業規格(JIS)による。

8　輪郭線及び受験番号の記入方法は以下の通りとする。

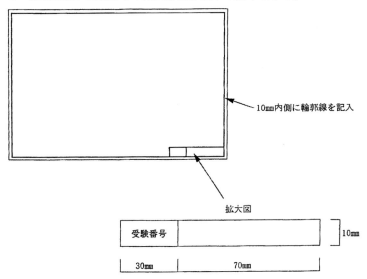

※合計100点満点

▼特別支援教諭

【課題】

□指導案作成とその内容に関する質疑

問題

　知的障害者である生徒に対する教育を行う特別支援学校の中学部における数学科の学習指導案(50分)について，下記の様式により作成しなさい。

　　対象は中学部1年生の5名である。本時は，題材「三角形と四角形」の3時間目((全4時間)である。1時間目は，小学部の復習として，身の回りにある三角形や四角形を見つける学習を行い，2時間目は，三角形と四角形の特徴に着目し，仲間分けをする学習を行った。

　　本時は，前時の学習内容を踏まえ，生徒自身が三角形や四角形を作る授業を行う。指導者は2名である。

　　『本時の目標』を1つ設定し，展開の『時間』『学習活動』『指導上の留意点』『準備物等』について，生徒が主体的に学習できるよう具体的に記述しなさい。なお，『本時の目標』は，文末を「～できる」として，記述しなさい。

数学科　学習指導案

単　元　名	三角形と四角形を作ろう	対象学年生徒数	中学部1年5名	場　所	教室	指導者数	2名
生徒の実態	学級の生徒は，教室にある身近なもの（黒板やノート）を見て，その形を「四角」などと言うことができる。2時間目の学習では，三角形や四角形の辺や角の数に着目し，仲間分けをすることができた。また，生徒は日頃から具体物を使った操作活動をすることが好きで得意である。しかし，新しい活動に不安を感じて取り組めなかったり，うまくできないと活動を止めてしまったりする生徒が多い。5名のうち1名（生徒A）は，左右の手指に麻痺があり，鉛筆程度の太さのものをつまんで持ち上げることが難しい。						
本時の目標							

展開（50分）

時間	学　習　活　動	指　導　上　の　留　意　点	準備物等

※合計100点満点

◆個人面接(2次試験) 面接官4人　20分

※時間内に場面指導を含む(5分)。

※評価の観点：指導力・堅実性・判断力

※ABCDEの5段階評価

▼小学校全科

【質問内容】

□あなたの強みはなにか。

□どのような先生になりたいか。

□魅力ある授業とはどのような授業か。

□少子化についてどんな考えを持っているか。

□今まで挫折した経験は。

□どうして栃木を受けたか。

□保護者が学校に求めていることはなんだと思うか。

□昨日は眠れたか。

□ここまで何できたか。

□どんな思いでこの時を待っていたか。

□どれくらい二次試験の勉強をしたか。

□二次試験でどんなことを一番伝えたいと思ったか。

□英語教育で「英語が楽しい」と「英語のゲームが楽しい」ということは違うと思うが，その点はどのような考えか。

□英語教育でどのようなことを大切にしていきたいか。

□英語，英語…という授業は，引いてしまう(嫌がる)子もいると思うが，どう対応するか。

【場面指導課題】

□Aさんが隣の席の児童とお喋りをしていたので注意したが，時間をおいてまた後ろの子とおしゃべりしていた。注意すると「わからないから，Cさんにきいてるの」と言われた，あなたはAさんにどう指導しますか?

・4人のうち1人の試験官とロールプレイをする。

▼小学校教諭
【質問内容】
□ここまでどのようにして来たか。
□栃木以外にどこか他の受験地を受けたか。
□就職活動はしたか。
□なぜ英語選考を選んだのか。
□どんな教師が理想か。
□あなたの強みはなにか。
□体罰はなぜ起こると思うか。
□これまで挫折した経験はあるか。またそれをどう乗り越えたか。
□教師がブラックと言われている中，教師のどこに魅力を感じるか。
□チームスポーツをやる中で，色々な意見があると思うがどうやって
　チームをまとめてきたか。
□特別支援学級の児童にどう接していくか。
□勉強をするのを嫌がる子にどう対応するか。
【場面指導課題】
□遠足の班で，Aさんは仲の良いEさんと同じ班になりたいといってい
　る。Aさんと同じ班に意地悪なMさんがいるのが嫌だ，だからこの
　班だと遠足に行きたくないと，Aさんが言っているとAさんの保護
　者から言われる。そのAさんの保護者への対応。
・1分考えて，3分実演のロールプレイ。

▼高校数学
【質問内容】
□大学での研究内容はなにか。
□最近の教育の動向について，気になることはあるか。
□あなたが目指す教師像
□あなたの特技。また逆に直したいところは。
□ボランティア活動は何をやっているか。
□なぜ教育が必要だと思うか。

□数学の楽しさを伝えるために，具体的にどのようなことをするか。

▼高校家庭
【質問内容】
□キャリア教育について
□ご飯は食べられたか。
□どうやって会場まできたか。
□上司と方針が合わないときどうするか。
□夏休みの予定
□教員は世間知らずと言われるがどう思うか。
□気になるニュース
□専門教科で大切にしたい分野
□自分が教員に向いていると思うところはどこか。

▼養護教諭
【質問内容】
□朝何時に目覚めたか。
□緊張しているか。
□どのようにしてここまできたか。
□看護学部だが看護師も考えているのか。
□養護教諭になろうと思ったきっかけ
□友人の相談にのることが多いと言っていたが，どういった友人か。
□県立を受験しているが，中学は考えなかったのか。
□高校は最後の保健教育の場と言っていたが，どういった取り組みを行っていきたいか。
□ずっと吹奏楽をやっていたと書類に書いてあるが，楽器はなにをやっていたのか。
□これからも音楽の活動に取り組もうと考えているか。
□知識理解で終わらず，行動化にまでもっていきたいと言っていたが，具体的にどのように取り組むのか。

□学校が好きと言っていたが，生徒の「学校が好き」と働く側の「学校が好き」とは異なると思う。また，学校はブラックとも言われている。働く側としての「学校が好き」とはどういったことか。

□自分が教員として向いていると思うこと。

□努力し続けるところが向いていると言っていたが，具体的なエピソードはあるか。

□自分をスーパーやコンビニの商品に例えると何か，またその理由。そして，それをどのように売るのか。

　→（私がトマトと答えたので）トマトは小さめのトマトか，大きめのトマトか。5個入りだとして，いくらで販売するか。

◆集団討論(2次試験) 面接官4人　受験者8〜9人　40分

※評価の観点：協調性・対応力・堅実性

※ABCDEの5段階評価

▼小学校教諭

【課題】

□Aさんは不登校である。学校はAさんに登校を促すことで効果があるとして家庭訪問をしたり電話連絡をしたりしてきた。しかしAさんの母親から「本人の負担になっているのでそっとしておいてほしい」と要望があった。また，「このことは本人や父親には内緒にしてほしい」と言われた。母親の要望に従うか，学校の方針で登校を促すことを続けるか。

※受験番号，氏名を言った後，着席。課題を書いた用紙が配られ，その用紙にメモをしてもよい。どちらの意見か明白にしながら話し合いに参加すること。

▼小学校教諭

【課題】

□スポーツクラブや塾が忙しくて宿題を減らしてほしい保護者と，宿

題しか勉強しないので宿題を増やしてほしい保護者どちらに賛成か。また，どのように対応していくか。
・フリートークのような形で司会は立てないで行う。メモはとってもよい。

▼高校数学
【課題】
□学校の若手教員で，生徒の学力向上の具体策を提案することになった。その内容について検討しなさい。
・考えている間に話が進んでいくので，話の中に入るのが難しかった。常日頃から幅広いことについて考えておく必要があると感じた。

▼高校家庭
【課題】
□熱中症の危険があるので部活を一律禁止にしようという意見が出された。あなたの意見を述べよ。
・司会は立てずに行うように指示され，メモ用紙も配布される。結論を出すよりも，議論を行うことが目的。積極性も大切だが，協調性のほうが大切だと感じた。

▼養護教諭
【課題】
□熱中症対策のために，夏休みの一定期間を部活動休止にするのに賛成か反対か。
・司会を立てないこと，批判をせずフリートークのように進めること，と指示があった。
・課題について考える時間が最初に5分程度与えられる。
・課題からそれていったり，広がってしまっているときは，「課題が○○なので，○○について話し合ったらいいと思うのですが，みなさんどう思いますか?」などと軌道修正を図るとよいと思う。また，

　　自分だけが受かろうとするのではなく，全員で受かる気持ちでやると，他者の意見も自ずと聞けて，よいと思う。

2018年度

◆実技試験(1次試験)
　▼中高・特支(中・高)音楽
【課題】
□聴音
□ピアノ実技
□視唱
□弾き歌い
※合計50点満点

　▼中高・特支(中・高)保体
【必修課題】
□陸上
□器械運動
【選択課題】
□球技(3種目から1種目選択)
□武道・ダンス
※球技，武道・ダンスからどちらかを選択
※合計50点満点

　▼中高・特支(中・高)美術
【課題】
□平面作品制作
□立体作品制作
※合計50点満点

▼高校・特支(高)書道
【課題】
□古典の臨書作品・創作作品制作
※合計50点満点

◆集団面接(1次試験) 面接官3〜4人　受験者7〜8人　40〜50分
　▼小学校全科
【質問内容】
□保護者から信頼を得るために何をするか。
□自分のリフレッシュ方法は。
□教師に大切なことは。
□休日は何をしているか。
□自分の特技について。
・やさしい雰囲気で明るく質問された。
・一緒に受ける人たちとよい雰囲気でやれるように気をつけ，常に笑顔で受けた。

　▼中学数学
【質問内容】
□初めての保護者会の集会のときの挨拶を実演せよ。
□「うちの子の部屋は私が清掃していて，家ではさせていない。うちの子に学校で清掃させないでくれ」と保護者から電話がきた。どのように返事をするか実演せよ。
□なぜ教員を志望するのか。
□教員の魅力とは。
・1つの応答に約1分程度。
・目線が泳いだり答えに詰まったりしても1次試験を通過している人もいた。
・過去の問題から選ばれているような感じがした。

▼中学数学

【質問内容】

□ピアスや髪を染めた子に対して，どのように対応するか。

□自分の教職の適性は。

□自分が教師になったら何ができるか。

・面接官は4人いたが，1人は司会。最後に司会からの質問が1つあった。

▼高校国語

【質問内容】

□健康を保つために心がけていることは。

□学級担任をしている生徒から授業が分からないと言われたらどうするか。

□生徒の人間関係力をつける方法は。

□心の教育をどのように実践していくか。

□怖い先生と厳しい先生の違いは何か。

□目指す教員像とそのために努力していることは。

▼養護教諭

【質問内容】

□養護教諭の魅力は何か。

□虐待を疑われる児童へどう対応するか。

□大学時代にボランティアやサークルを行ったか。また，そこで経験したことを教育にどのように生かすか。

・考えのまとまった人から挙手制で行われた。

・自分の考えを伝えれば大丈夫だと思う。

◆実技試験(2次試験)

　▼小学校全科・特支(小)

　【課題1】

□電子オルガンを使った弾き歌い

① 最初に，3曲から1曲選択して弾く。

② 次に，試験官が指定した曲を弾く。

〈指定曲〉

　『小学校学習指導要領(音楽)』より「ひらいたひらいた」「とんび」「スキーの歌」

※楽譜は各自持参する。

【課題2】

□水泳

　25m，泳法自由

□マット運動

　3つの技を行う。

□跳び箱

　男子8段，女子6段

【課題3】

□小学校における英語教育で扱う程度の簡単な英会話(試験官との会話)

□用意されている英単語カードを使って試験官を児童に見立てて授業する

▼中高・特支(中高)英語

【課題】

□英語によるインタビュー

▼中学・特支(中)技術

【課題1】

□パソコンに関する実技

〈1〉「総合的な学習の時間」において，地域の比較研究を行っているグループから，宇都宮と大田原における天候の違いをまとめるには，どのようにしたら良いかという相談を受けた。そこで，気象庁のWebサイトから，2016年10月の宇都宮と大田原の天候に関するデータをダウンロードし，例として生徒に見せる資料を作成すること

した。下の条件1，2，3に従い，作成せよ。

　なお，作成したデータのファイル名は受験番号とし，指示された場所に保存せよ。作業時間は45分とする。

〈作成について〉

※表計算処理ソフト「エクセル」を使用する。

※宇都宮と大田原の天候に関するデータは「基礎データ．xlsx」というファイル名で，事前に準備されているものを活用すること。

※字体，文字サイズ，文字飾り等は，適宜工夫して表記すること。

※使用するソフトウエアの機能等の活用については，制限はないが，ブラウザによるインターネットの使用は不可とする。

〈内容について〉

①宇都宮と大田原の気象に関するデータを比較したグラフは，必ず作成すること。

②宇都宮と大田原のそれぞれ1ヶ月間の総雨量が表示されていること。

③宇都宮と大田原の平均気温の差を示すこと。

④宇都宮と大田原の平均気温の差が5度以上ある日数が計算され表示されていること。

⑤宇都宮のみ降雨量0mmの日数及び，大田原のみ降雨量0mmの日数をそれぞれ計算し，表示されていること。

⑥宇都宮及び大田原が共に降雨量0mmの日数が計算され，表示されていること。

⑦比較したい日を入力すると，瞬時に宇都宮の平均気温と大田原の平均気温のデータが表示される検索機能があること。

⑧基礎データが変更されても，②から⑦までの表示が自動で計算される内容であること。

⑨作成したデータのファイル名は受験番号とし，デスクトップに保存すること。

〈その他〉

※グラフや表の見やすさは適宜工夫すること。

※インターネットでのブラウザによる検索は認められないが，オンラ

インヘルプについては使用してもよい。

※終了の合図後は，コンピュータの操作はせず，電源を落とさないこと。

【課題2】

□木工製品の製作

〈1〉　用意された材料及び道具を用いて，下の第三角法による正投影図で示された「CD入れ付き本立て」を製作せよ。なお，作業時間はけがきを含め，120分とする。

【組立図】

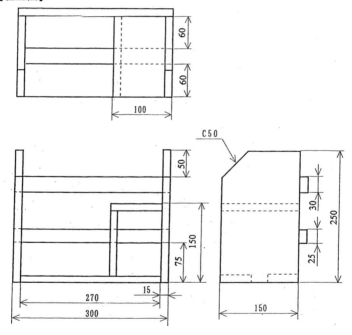

【材料表】

部品番号	部品名	仕上がり寸法(幅×長さ×板厚)単位はmm	数量
①	本立て左側板	150×250×15	1
②	本立て右側板	150×250×15	1
③	CD入れ左側板	150×135×15	1
③	CD入れ上板	150× 85×15	1
④	底板	150×270×15	2
⑤	背板(上)	30×300×15	1
⑥	背板(下)	25×300×15	1

【木取り図例】
《板材A》

《板材B》

〈条件〉
【条件】

①受験生に渡す材料　　板材A　　　　　150×900×15　　1枚
　　　　　　　　　　　板材B　　　　　 60×900×15　　1枚
　　　　　　　　　　　くぎ　　　　　　　　N35　30本
　　　　　　　　　　　木工ボンド　　　　　　　1個
②使用可能工具等　　　さしがね，直角定規，両刃のこぎり，平かんな，
　　　　　　　　　　　けずり台，四つ目ぎり，はたがね，げんのう，
　　　　　　　　　　　木づち，くぎ抜き，木工やすり，紙やすり
③その他　　　　　　　作業時間終了後，作品に受験番号を記入し提出
　　　　　　　　　　　する。

▼中高家庭

【課題1】

□調理

　材料を適量用いて調理し，提出しなさい。

(1)ぶりの照り焼き

　1人分を調理し盛りつけること。

(2)豚汁

　次の材料については指示どおりとし，2人分を調理し盛りつけること。

　大根・にんじん…いちょう切りにする

　ごぼう…小口切りにする

　里いも…半月切りにする

(3)茶碗蒸し

　卵1個を用いて，2人分を調理すること。

※制限時間は50分であった。

【課題2】

□被服

用意されたお弁当箱が入るお弁当袋をミシンで製作しなさい。

◆作成上の条件◆

○　お弁当箱の大きさや形に合わせて仕上げること。

○　布地を2枚重ねた仕立てにすること(材料の布地は，1種類のみでも，2種類用いてもどちらでもよい)。

○　ファスナー，平ひも，コードひも，スナップの中から，1種類以上使用すること。

○　あまり布は作品と共にすべて提出すること。

※制限時間は60分であった。

▼高校機械

【課題】

□製図

　与えられた部品の寸法をノギスとスケールで測定し，別紙(A3ケン

ト紙)に第三角法で次の1から8の指示に従い組立図および部品図をかけ。

1　図面の尺度は原寸とし，寸法を記入する。

2　組立図には寸法を記入しなくてよい。

3　ねじ部は略画法でかくものとし，ねじの呼びはM10とする。

4　各部品図の寸法数値は小数第1位まで記入するものとする。

5　かど，すみの丸みは無いものとして作図する。

6　投影図の数は必要最小限とする。

7　全体の製図法は，製図に関する日本工業規格(JIS)による。

8　輪郭線及び受験番号の記入方法は以下の通りとする。

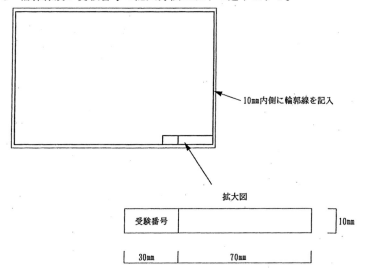

▼高校建築

【課題】

□製図

　下の木造平屋建て専用住宅の単線の図面を下の例にならい，複線の図面としてかけ。ただし，外壁は大壁とし，内壁は，和室においては真壁，それ以外は大壁とする。柱の寸法は105mm×105mmとする。また，縮尺は1／100とし，方位，床仕上げの目地，家具，設備等を記入

すること。

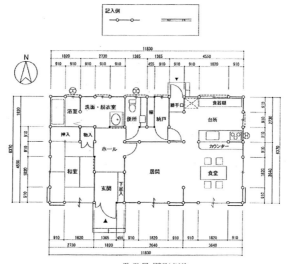

平　面　図（縮尺1/100）

注）記号 ♪ は掃き出しの開口部とし、その他は窓の表示とする。
　　　　• は半柱とする。
　　　　⊗ は換気扇とする。

※解答例は下図の通り。

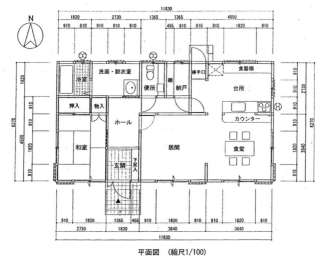

平面図　（縮尺1/100）

▼高校電気

【課題】

□回路

　下図は，LEDを点滅させる回路である。次の手順で回路を完成させ
よ。

1　部品を基板にハンダ付けし，回路を組み立てて完成させよ。ただ
　　し，部品表で示した部品はすべて使うこと。

2　電池を接続し，VRを調節することによってD2の点灯時間が変化す
　　ることを確認せよ。

3　ICの出力電圧を測定せよ。

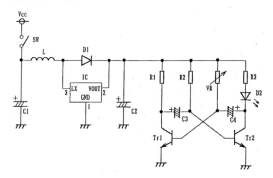

部 品 表

記　　号	規　　格
R1	1kΩ
R2	10kΩ
R3	160Ω
IC	HT7750
SW	トグルスイッチ
VR	半固定抵抗器(50kΩ)
Tr1, 2	2SC1815
D1	ショットキーバリアダイオード
D2	発光ダイオード　白
L	コイル
C1	47μF
C2, 3, 4	100μF
	電池ソケット
	スペーサ(ねじ付き)

抵抗カラーコード(JIS)

色	数字	色	数字
黒	0	緑	5
茶	1	青	6
赤	2	紫	7
橙	3	灰	8
黄	4	白	9

ICのピン配置

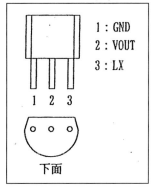

1：GND
2：VOUT
3：LX

VRピン配置

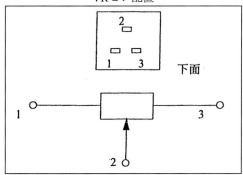

Tr1, 2のピン配置

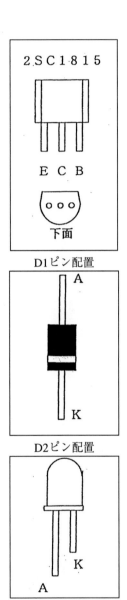

2 S C 1 8 1 5

E C B

下面

D1ピン配置

A

K

D2ピン配置

K

A

▼特別支援教諭

【課題】

□指導案作成とその内容に関する質疑

〈問題〉

　知的障害者である生徒に対する教育を行う特別支援学校の中学部における国語科の学習指導案(50分)について，下記の様式により作成しなさい。

　対象は中学部3年生の5名である。本時は，題材「わたしの町」(教科書：国語☆☆☆☆文部科学省)の4時間目(全5時間)である。学習内容として，1，2時間目は教室から体育館までの道順を確認し，目的地までの地図作りを行った。3時間目は道順の説明に必要な語句の確認や目標物を定めて順序よく説明するための文章を書く学習を行った。本時は前時に決めた道順を友達や教師を相手に自分で説明する授業を行う。指導者は2名である。

　『本時の目標』を1つ設定し，展開の『時間』『学習活動』『指導上の留意点』『準備物等』について，生徒が主体的に学習できるよう，具体的に記述しなさい。なお，『本時の目標』は，文末を「～できる。」として，記述しなさい。

題　材　名	わたしの町	対象学年生徒数	中学部3年5名	場所	数室	指導者数	2名
生徒の実態	対象となる生徒は，日常のあいさつや，作業学習の中で作業を終えた報告などを進んで行うことができる。国語科に関しては，小学校2年生程度の簡単な漢字が含まれる文章を読み，内容のあらましを理解することができる。また，日常の出来事を3～4語文で書き表すことができるが，出来事を順序立てて分かりやすく書いたり，話したりすることに課題がみられる。5名のうち1名(生徒A)は，皆の前で話をすることが苦手で，発表の際には声が小さくなりがちである。						
本時の目標							

〈展開(50分)〉

時間	学習活動	指導上の留意点	準備物等

◆適性検査(2次試験) 30～60分

　▼中学数学

　【検査内容】

　□MMPI

　※持参品は，0.5mm又は0.38mmの黒ボールペンだった。

　▼中学保体

　【検査名】

　□YG

・アンケートのようなものに答える。
・スピードはやや速め

▼養護教諭
【検査名】
□YG
・テープで放送される質問をどんどん聞いてあてはまるところに○を
　つける。

◆集団討論(2次試験) 面接官4人　受験者8〜9人　40分
　▼中学数学
【課題】
□子どもたちのいじめ問題について
※1回の発表で1分程度。長いと切られる。
・結論は出さないというよりも，出ない題になっている。
・経験されている方が仕切ってやってくれる。
・比較的和やかな討論だった。
・他県と比べると1人1人が現場のようなリアリティのある討論だっ
　た。

▼中学保体
【課題】
□席替えをしたい！という意見が生徒から出て，それを容認するかど
　うか(いろいろな人と話したい)。
・受験者7人中2人が講師・担任の経験者で，5人は非常勤または新卒
　であった。
・席替えの重要性が経験者と未経験者に考えの差が出てしまうと感じ
　た。

▼養護教諭

【課題】

□A君とB君はいつも一緒に遊んでいます。最近，B君はA君に対して本人に悪口と取れることを言っています。A君は嫌がる様子を見せていませんが，あなたはA君にどう思っているか聞きますか。それとも少し様子をみますか。自分の立場に立って論じてください。

・司会をたてることなく挙手制で行った。

・ある程度の積極性を見せた方がよいと思うが，協調性を大切にすることも必要だと感じた。

・他の人の意見をまとめる役割をすると司会役と見なされてしまうので注意した方がいいと思った。

◆個人面接(2次試験) 面接官4人　20分

　※時間内に場面指導を含む(5分)。

　▼小学校全科

　【質問内容】

　□会場まで何で来たか。

　□教師の魅力は。

　□信頼されるために何をするか。

　□分かる授業とは。

　□自分の特技について。

　　→どう生かすか。

　▼中学数学

　【質問内容】

　□アクティブラーニングについて。

　□教育の専門的なことは。

　□趣味は。

　□どんな授業をしたいか。

　□部活動について。

□(場面指導)「頭の悪い生徒に授業中えこひいきしないでほしい」という他の生徒からのお願いに対してどうするか。

・思ったほど話しのキャッチボールが上手くいかなかった。

・相手があまり話したがりではなかった。

・知っていることだけ答えて，知らないことは知りませんとはっきり答えた。

・ほとんど部活動の経験につなげて発表して終わった。

▼中学保体

【質問内容】

□部活のことについて。

□クラスのことについて。

□先生，生徒との関り合いについて。

□連携の部分について。

□理想像について。

□(場面指導)「自分は認めてもらえないから保健室に行っている。勉強はできるけれど，自分で勉強すれば十分」という生徒への指導。

　　→みんなが待っている，何かされたのか？とサポートの多くみられる指導をした。

・自分の目指すべきところ，方向性を熱く語ることができた。

・(場面指導)まず相手の気持ちによりそい受け入れるスタンスを何より大事にした。

▼養護教諭

【質問内容】

□今日は会場までどのように来たか。

　　→車の中で保護者とどのような会話をしたか。

□履歴の確認

□(場面指導)頭が痛いと訴えて毎日のように保健室に来る子どもがいる。担任の先生から，夜遅くまでゲームをしているという情報を得

た。保健室に来た時にそのことを指導すると,「寝不足と頭痛いのは関係ねーじゃん。」と言った。この後どう対応するか。

□保健室で聞く子ども達の話からこれは注意しなければいけない話はなんだと考えるか。そのためにあなたはどうするか。

□保護者との連携で何を大切にするか。心構えは。

□看護大学を出ているのに,なぜ看護師ではなく養護教諭を選んだのか。

□教職員との連携で工夫していることは何か。また講師の経験で嬉しかったことは何か。

※場面指導は1分間考えてから始める。

2017年度

◆実技試験(1次試験)

▼中高音楽

【課題1】

□聴音

□ピアノ実技

□視唱

□弾き歌い

※合計50点満点

▼中高保体

【必修課題】

□陸上

□器械運動

【選択課題】

□球技(3種目から1種目選択)

□武道・ダンス

※球技，武道・ダンスからどちらかを選択
※合計50点満点

▼中高美術
【課題】
□平面制作
□立体制作
※合計50点満点

◆集団面接(1次試験)　面接官3人　受験者6〜10人　40分
　※配置は図の通りである。

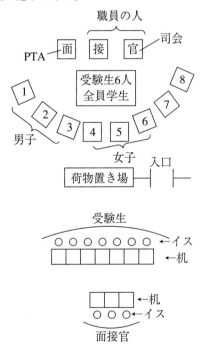

▼小学校全科
【質問内容】

□教員として心掛けていること。

□学習指導していく上で大切なことは何か。低・中・高と優先順位を
つけて述べよ。

□いじめが保護者から言われた場合，どう対応するか。

□評価の役割とは何か。

※受験番号順の発言，挙手制での発言がある。

▼養護教諭(小・中)

【質問内容】

□教師としての心構えで大切にしたいことは何か。

□学級担任と関わる上で大切なこと・大切にしたいことは何か。

□保護者から「子どもが学級担任が怖くて学校へ行きたくない。と言
っている」と電話があった。どう対応するか。

□学生時代のボランティア活動や部活動などの経験で得たことは何
か。

→それを教師としてどう活用するか。

□あなたの趣味・特技は何か。それを養護教諭としてどう活用するか。

□学級活動や保健体育の授業で，養護教諭がTT(チームティーチング)
で授業を進めることがある。そのとき，配慮すること・大切にした
いことは何か。

□「家の人や担任には言えない」と子どもが相談してきた。解決につ
なげるために，どう対応し，何を大切にしたいか。

※1問目以外全て挙手した人から述べる。

▼中学国語

【質問内容】

□教員を目指した理由は何か。

□規範意識の低下についてどう思うか。どう対処するか。

□あいさつを習慣化するためにはどうするか。

▼中学数学

【質問内容】

□教員としての心構えは何か。

□"わかる授業"とは何か。

□部活をもったら，どんなことを教えたいか。

□教員としての資質向上のために，あなたはどんなことをしていきたいか。

□どんな学級にしていきたいか。

□怖い先生と厳しい先生の違いは何か。

□学生生活で教育に生かせることはしたか。

→どのような点で生かせるか。

※すべて挙手制だった。グループによっては番号順もある。

※一人あたり答える時間は60秒。

・答えるスピードは早いため，テンポに焦らないように事前に友達とたくさんの練習をつんでおくとよい。

・あんまり長くなると言いたいことが伝わらなくなる上に，協調性がないとみなされる可能性があるため，簡潔に。

・面接前は鏡を見ておく。身だしなみのチェックや表情の作り方(特に笑顔)を確認。

・待ち時間の時は黙っているのではなく，少し誰かと話をするなどをして口を動かしておくとよい。突然声を出すと，声が思うように出なかったりすることがある。

▼高校数学

【質問内容】

□あなたの教師としての心構えは何か。

□わかる授業とはどのようなものか。

□忘れ物をしてくる生徒に対してどう指導をするか。保護者へはどう対応するか。

□たばこを吸っている生徒が(校舎の裏で)いた。どう指導するか。

□あなたが伝えたいこと漢字2文字で述べよ。

◆個人面接(2次試験)　面接官4人　20分
※配置は図の通りである。

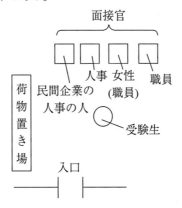

▼小学校全科

【質問内容】

□何時に起きたか。

□新聞は読んだのか。

□Aさんは周りからいじめられているが，周りの子はいじめられる側にも問題があるという。この場合，どのように対応するか。

□意欲を高めるために心掛けていることは何か。

→インクルーシブ教育とは何か。

□自分が教員に向いていると思うところは何か。

□自分の短所は何か。

→どのように克服しているか。

□今の中学生について何を思うか。

→現在取り組んでいることは何か。

□勤務地はどこでもよいか。

▼中学国語

【質問内容】

□授業中わざとおしゃべりをしているA君を指導していると，他の生徒から「A君は放っておいて授業を進めて下さい」と言われた。どう対応するか。

□採用試験のためにどんな準備をしたか。

□部活動を担当したいか。

→休日返上，授業準備に支障はあるか。

→外部指導者を招くことについてどう思うか。

□電子書籍についてどう思うか。

※5分程度場面指導あり。30秒考えて，3分程で実施する。

・場面指導は先生らしく振る舞うことが大事。

▼中学数学

【質問内容】

□D君は部活の朝練があるため，いつも体操着で朝の会に出ている。しかし，朝は制服でいることが学校の規則である。制服に着替えるよう注意すると，D君は「朝練から帰ってきて，着替えるのは無理。ほかのクラスの子も着替えていない。ぎりぎりまで朝練をしている顧問がいけない」と反論してきた。これに対して面接官をD君と見立てて対応しなさい。

□地元の市から大学まで通っているのか。

→何時間かかるのか？

□今日は何時ころに会場についたのか。

→その間どんなことを考えていたか。

□卒論はあるか。

→どんなことを書いているのか，中学生でもわかるように説明しなさい。

□数学が得意すぎて普通の授業に飽きている生徒に対して，どのように対応するか。

→今発言した対応方法だけで十分か。

□留学でどんなことを学んだか。教育ではどう生かせるか。

□教員になろうと思ったきっかけは何か。

□理想の教師像は何か。

→それを目指すために何をするか。

□たくさんのことを経験し，かつみんなの前で目立つ場面が多いようだが，みんなの前で何かをするのは得意なのか。

□さまざまな経験の中で，みんながまとまってやらなければならないのに，それに反抗して取り組まない人はいたか。

→どのように対応したのか。

□合唱の指導を行えるということは，合唱関係のことをやっていたのか。

□いつもそんなに元気なのか。

→元気ではないときはあるのか？。

→そのようなときはどうするのか。

□アルバイトはしているのか。

→アルバイトからどんなことを学んだのか。

→もしも目上の人とトラブルがあったとき，どう対応するか。

□あなたの売りにしているところと，短所を述べよ。

□勤務地の希望はあるか。

・一次試験の集団面接のときとは異なり，自分のことについて深く突っ込まれるため，入念な自己分析と具体策をもつとよい。

・明るい印象を残すこと。

・面接対策に載っているような模範解答を求めていないため，自分の言葉で想いを伝えるとよい。

◆適性検査(2次試験)　30〜60分

　▼小学校全科

　【検査内容】

□YG

▼中学国語
【検査内容】
□MMPI
※黒の0.5のボールペン指定

▼中学数学
【検査内容】
□YG

◆集団討論(2次試験)　面接官4人　受験者8〜9人　40分
　※配置は図の通りである。

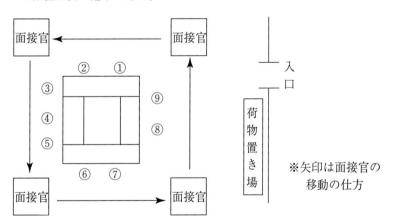

▼小学校全科
【テーマ】
□もうすぐ校内マラソン大会があります。AさんとBさんは大の仲良し
　です。Aさんはマラソンが得意で，優勝を目指して練習しています
　が，Bさんはマラソンが苦手です。ある日，AさんはBさんがもうす

ぐ転校すること知り，最後の思い出に一緒に走りたいという気持ちが込み上げてきました。しかし，優勝したい思いもあるため，あなたにどうすればよいか相談にきました。あなたはAさんの優勝する気持ちに寄り添いますか，それとも，Bさんと一緒に走ることに寄り添いますか。

▼中学国語
【テーマ】
□合唱コンクールの伴奏者の候補者がクラスに1名いるが，その生徒は指揮者をやりたいと立候補している。しかし，クラスの大部分がその生徒が指揮をすることに反対している。あなたは，その生徒に伴奏をしてもらうか。

▼中学数学
【テーマ】
□マラソンが速いAさん。マラソン大会で優勝するために一生懸命練習している。Aさんの親友であるBさんはマラソンが苦手である。そんなある日，Bさんはマラソン大会の直後に引っ越してしまうことになった。Aさんはこれを知り，マラソン大会で優勝するか，それともBさんとの思い出づくりのためにBさんと一緒にゴールするかで悩み，あなたに相談してきた。あなたはAさんの優勝を尊重するか，それともBさんと一緒にゴールすることを尊重するか。
※テーマの書かれた紙が配布され，3分間考える時間を与えられる。
※紙に自分の意見やほかの人の意見を書いてもよい。
※紙はのちに回収するが，その紙の内容からは評価しないことを伝えられる。
※結論は出さず，司会は立てないフリートークで行うことを指示される。
※面接官が四隅にいて，一定の時間がたつと面接官が席を移動する。
・県から出されている評価規準や観点を確認して，その観点を意識し

ながら練習や本番に臨むとよい。

・なるべくさまざまな観点から多くの意見を少しずつ発言することが大切。

・人の意見は否定しないで，付け加える形にする方がよい。

・基本的に，「みんなで協力していい討論をつくろう」というコンセプトのもとやったほうがよい。そのほうが討論自体の流れがよくなる。

◆実技試験(2次試験)

▼小学校全科

【課題1】

□ピアノ弾き歌い

① 最初に，3曲から1曲選択して弾く。

② 次に，試験官が指定した曲を弾く。

〈指定曲〉

『小学校学習指導要領(音楽)』より

「虫のこえ」「まきばの朝」「冬げしき」

※楽譜は各自持参する。

□水泳

　25m，泳法自由

□マット運動

　3つの技を行う。

□飛び箱

　男子8段，女子6段

□小学校における英語教育で扱う程度の簡単な英会話

　ALTからの質問に答え，1分間で自己紹介する。

▼中学英語

【課題】

□英語によるインタビュー

▼中学校技術

【課題】

□パソコンに関する実技・木工製品の製作

〈1〉 「情報に関する技術」の授業で，ふるさと学習の一環として，地域紹介の動画作品を制作することにした。そこで，例として生徒に見せる動画作品を，次の条件1，2，3に従い，作成せよ。

なお，作成したデータは，ファイル名は受験番号とし，指示された場所に保存せよ。作業時間は45分とする。

〈作成について〉

※ 動画編集ソフトウェア「ムービーメーカー」を使用する。

※ 動画作品は，1分程度とし，使用する画像は4枚以上とする。

※ 字体，文字サイズ，文字飾り等は，適宜工夫して表記すること。

※ BGMは，栃木県の「県民の歌」音声データを必ず用いること。

※ トランジション(場面転換)は，必ず用いること。

※ 保存は，「コンピュータ用」のmp4形式でデスクトップに保存することとする。

※ 使用するソフトウェアの機能等の活用については，制限はないが，インターネットの使用は不可とする。

〈オープニングタイトルについて〉

※ オープニングタイトルは，制作した内容にあうものとし，約5秒表示することとする。

※ 受験番号を記載すること。

〈内容について〉

※ 動画編集の作成についての興味・関心を高めるための資料とすること。

〈資料〉

県花「ヤシオツツジ」

県獣「カモシカ」

県鳥「オオルリ」

県木「トチノキ」

日光駅

ふるさと学習ロゴ

華厳の滝

とちまるくん

211

川俣温泉の間欠泉

奥日光の渓流

中禅寺湖

中禅寺湖

神橋と大谷川

眠り猫

三猿

ニッコウキスゲ

輪王寺

二荒山神社

栃木県

陽明門

徳川家康画像(栃木県立博物館)

日光二荒山神社

輪王寺三仏堂

〈1〉 用意された材料及び道具を用いて，下の第三角法による正投影
図で示された「収納付き本立て」を製作せよ。なお，作業時間はけ
がきを含め，120分とする。

【組立図】

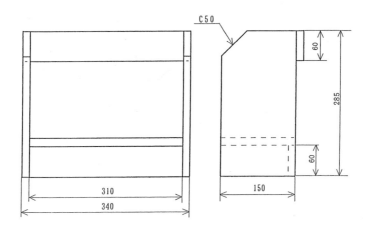

214

【材料表】

部品番号	部 品 名	仕上がり寸法（幅×長さ×板厚）　単位はmm	数量
①	側板	150×285×15	2
②	底板	150×310×15	1
③	背板	60×340×15	1
④	幕板	60×310×15	1

【木取り図例】
《板材A》

《板材B》

〈条件〉
① 受験生に渡す材料　　材A　　　150×900×15　　1枚
　　　　　　　　　　　　板材B　　60×900×15　　1枚
　　　　　　　　　　　　くぎ　　　　　N35　　30本
　　　　　　　　　　　　木工ボンド　　　　　1個
② 使用可能工具等　　　さしがね，直角定規，両刃のこぎり，平か
　　　　　　　　　　　んな，けずり台，四つ目ぎり，はたがね，
　　　　　　　　　　　げんのう，木づち，くぎ抜き，木工やすり，
　　　　　　　　　　　紙やすり
③ その他　　　　　　　組立後，終了した者は作品に受験番号を記
　　　　　　　　　　　入し提出する。

▼中学家庭
【課題】
□調理
□裁縫

▼高校機械

【課題】

□製図

〈問題〉

　与えられた部品の寸法をノギスとスケールで測定し，別紙(A3ケント紙)に第三角法で次の1から8の指示に従い組立図および部品図をかけ。

1　図面の尺度は原寸とし，寸法を記入する。

2　組立図には寸法を記入しなくてよい。

3　ねじ部は略画法で描くものとし，ねじの呼びはM8とする。

4　各部品図の寸法数値は小数第1位まで記入するものとする。

5　かど，すみの丸み及び穴の座ぐりはないものとして作図する。

6　投影図の数は必要最小限とする。

7　全体の製図法は，製図に関する日本工業規格(JIS)による。

8　輪郭線及び受験番号の記入方法は以下の通りとする。

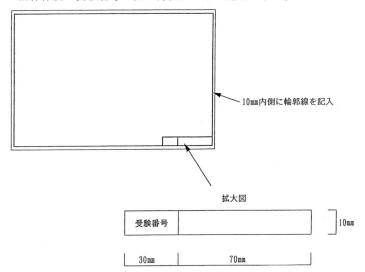

〈1〉　次の1，2の問いに答えよ。

1 トータルステーション及び反射プリズムを用いて，測点Aと測点B
の内角を測定し，記入し計算せよ。

　　ただし，内角は一対回測定すること。

　　観測終了後は各測点にトータルステーション及び反射プリズムを
すえ付けたままにすること。

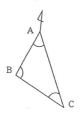

2 1で観測した測点Aと測点Bの平均角を用い，測角誤差を求めて，各
角を調整せよ。次に，各側線の方位角を求めよ。

測点	観測角	調整量	調整角
A	° ′ ″		° ′ ″
B	° ′ ″		° ′ ″
C	46° 23′ 50″		° ′ ″
計	° ′ ″		° ′ ″

側線	方位角
AB	200° 24′ 30″
BC	° ′ ″
CA	° ′ ″

〈2〉　次の1，2の問いに答えよ。

1 下表は，あるトラバース測量結果から得られた各点の座標値を表
している。以下の条件を満たすように各点の位置を方眼紙に描け。

[単位：m]

測点	X座標 [m]	Y座標 [m]
A	25.000	−35.000
B	5.000	−10.000
C	−25.000	10.000
D	−10.000	50.000
E	35.000	30.000
F	30.000	−5.000

〈条件〉

※下図を参考にB4の方眼紙を横長に用いて輪郭線，右下隅に罫線を描
き，受験番号を記入すること。

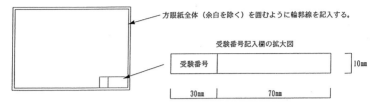

方眼紙全体（余白を除く）を囲むように輪郭線を記入する。

受験番号記入欄の拡大図

受験番号	

10㎜

30㎜　　　　70㎜

※座標は平面直角座標とし，X軸，Y軸を記入すること。各軸の目盛
　は，10m単位で記入すること。

※各点の作図においては縮尺1／500で描くこと。

※三斜法による分割方法及び地番の付け方は任意とする。ただし，図
　中に地番を書き加えること。

※底辺及び高さの実際の値[m]は，三角スケール・三角定規を用い，
　小数第1位まで計測し図中に書き加えること。

2　三斜法により測点A，B，C，D，E，Fで囲まれた面積[m²]を計算し，
　三斜求積表を完成させよ。ただし，面積は小数第2位を四捨五入し
　て，第1位まで求めること。

▼高校電気

【課題】

□回路の作成

〈問題〉

　下図は，LEDの明るさを調整する回路である。次の手順で回路を完
成させよ。

1　部品を基板にハンダ付けし，回路を組み立てて完成させよ。ただ
　し，部品表で示した部品はすべて使うこと。

2　電池を接続し，SWを入れ，VRを変化させることで，LEDの明るさ
　を調整できることを確認せよ。

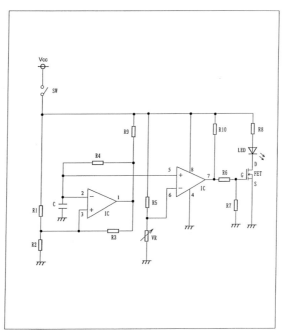

部品表

記　号	規　　格
R1, R3	４. ７kΩ
R2, R4, R7	３３kΩ
R5, R9, R10	１０kΩ
R6, R8	２００Ω
FET	２ＳＫ２２３２
IC	ＬＭ３９３
C	０. １μF
VR	５０kΩ
SW	トグルスイッチ
LED	赤色ＬＥＤ
	電池スナップ
	スペーサー

抵抗　カラーコード(JIS)

色	数字	色	数字
黒	0	緑	5
茶	1	青	6
赤	2	紫	7
橙	3	灰	8
黄	4	白	9

VRピン配置

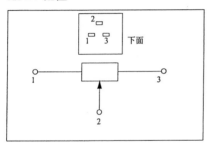

FETピン配置

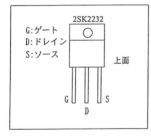

ICピン配置

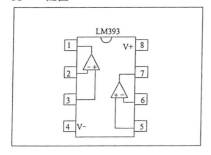

▼特別支援教諭

【課題】

□指導案作成とその内容に関する質疑

〈問題〉

　知的障害者である児童に対する教育を行う特別支援学校の小学部における国語科の学習指導案(45分)について，下記の様式により作成しなさい。

　対象は小学部6年生の6名である。本時は，題材「ぶんを　かこう」(教科書：こくご☆☆☆文部科学省)の3時間目(全3時間)である。学習内容として，1時間目は教科書を使って文の書き方を確認した。2時間目は生活単元学習で行ったピザづくりを振り返り，単語を確認し，文に表したい場面を決めた。本時は前時に決めた場面を文にし，発表する。教室において，教員が2名で指導をする。

　『本時の目標』を1つ設定し，展開の『時間』『学習活動』『指導上の留意点』『準備物等』について，児童が主体的に学習できるよう，具体的に記述しなさい。なお，『本時の目標』は，文末に「～できる。」として，記述しなさい。

〈国語科　学習指導案〉

題材名	ぶんを　かこう	対象学年 児童数	小学部6年 6名	場所	数室	指導者数	2名
児童の実態	学級の児童は，調理の活動に興味・関心が高く，最近は生活単元学習で簡単なピザづくりに意欲的に取り組んでいる。国語科に関しては，2～3語文を使って教師や児童同士で話をすることや平仮名を読むことができるが，文を書くことは好きではなく，特に助詞を間違えることが多い。また，6名のうち1名(A児)は，運筆が苦手であり，書くことを嫌がって離席する様子が見られている。						
本時の目標	・						

〈展開〉

時間	学習活動	指導上の留意点	準備物

2016年度

◆集団面接(1次試験)　面接官3人　受験者10人　40分

　▼小学校全科

【質問内容】

　□なぜ企業ではなく，昨今厳しい仕事であるとされる教員を志望した

のか。
□自身の長所と欠点はなにか。
□ストレス解消法はなにか。
□教師になったら何を生徒に伝えたいか。
□授業を行うにあたって大切にしていることはなにか。
□勉強がわからない子，できない子をどのように指導するか。
□情報モラルをどのように指導するか。
□いじめが起きたらどうするか。
※最初の質問のみ番号順に回答し，次の質問からは挙手制となる。
※回答は簡潔に述べるよう予め指示される。
※面接官にはPTA関係者を含む。

▼中学英語
【質問内容】
□なぜ公立の中学校を志望したのか。
□地域住民との交流のためにしたいことはなにか。
□いじめのないクラスにするために，担任としてすることはなにか。
□「わかる授業」をするための工夫とはどのようなものか。
・夏の暑い中での面接となるので服装に注意すること。風通しの良い
　ものを着るなど工夫が必要。
・挙手制の際，焦って回答しなくても最後に発言できるチャンスがある。

◆実技試験(1次試験)
　▼中学校・高等学校及び特別支援学校(中学部・高等部)音楽
【課題1】
□聴音
【課題2】
□ピアノ実技
【課題3】

□視唱
【課題4】
□弾き歌い

▼中学校・高等学校及び特別支援学校(中学部・高等部)美術
【課題1】
□平面作品
【課題2】
□立体作品制作

▼中学校・高等学校及び特別支援学校(中学部・高等部)保体
【必修課題】
□陸上
□器械運動
【選択課題1】
□球技3種目から1種目
【選択課題2】
□武道・ダンスから1種目

◆適性検査(2次試験)　50分
　【検査内容】
　□YG検査
　※120問程度実施する。

◆集団討論(2次試験)　面接官4人　受験者10人　40〜50分(構想5分)
　▼小学校全科
　【テーマ】
　□Aさんは友達も少なく，消極的な生徒である。クラス内は，文化祭

間近で準備に盛り上がっている。そんな中，文化祭に使う小道具を作ろうとしたAさんが，使用してはいけない備品を使っているところを発見した。Aさんから理由を聞いた上で，理由に納得できたら使用を認めるか。もしくは理由に納得できても使用を認めないか。

※司会者は立てずに，フリートークのような形式で討論を行うよう指示される。

※メモをとっても構わない。

※4人の面接官は四角に1人ずつ座っており，10分ごとに隣の角に移動する。

※面接官には民間企業の人事担当者，教員以外の行政職員を含む。

・司会者がいないため，各受験者は円滑な議論を心掛ける必要がある。

◆個人面接(2次試験)　面接官4人　20～25分

※個人面接には場面指導(構想30秒，実施5分)を含む。なお，場面指導，面接の順に実施する。

▼小学校全科

【場面指導課題】

□普段は積極的に授業に取り組むAくんが，今日は授業中に隣の子とおしゃべりをしている。あなたはAくんに対して静かにするよう指示したが，それでもなおしゃべっている。Aくんに対してどのような指導をするか。

【質問内容】

□会場までの交通手段はなにか。

□勤務地の希望について。

□今後，教科化される小学校での英語教育は，どうすべきであると考えるか。

□理想とする教師像はどんなものか。

□保護者は教師に対してなにを求めていると考えるか。

□今までの人生で問題に突き当たったことはあるか。また，それをど

のように解決したか。

□地域との関わりについてどう考えるか。

□ICTが普及してきたが，その活用についてどう考えるか。

※場面指導では，面接官の1人が児童役となる。

※面接官には民間企業の人事担当者，教員以外の行政職員を含む。

▼小学校全科

【場面指導課題】

□Eくんの母親から「最近，子どもに友達がたくさんできてうれしい
　が，その一方で勉強をしなくなってきている。担任のあなたにどう
　にかしてほしい。」と相談された。この母親に対してどのような対
　応をするか。

【質問内容】

□「魅力ある授業」とはどんなものであると考えるか。

□自分の能力を高めるために，敢えて行ってきたことはあるか。

□学校は保護者や地域に対してなにを求めていると考えるか。

□ボランティアについて。

・面接官の雰囲気はよいが突っ込まれるところもあるので，揺るがな
　い気持ちで臨んだ方がよい。

◆実技試験(2次試験)

　▼小学校及び特別支援学校(小学部)

【体育課題】

□水泳

　　25m，泳法自由

※1回練習可

□マット運動

　　3種程度の技を連続で行う。

□跳び箱

男子8段，女子6段
【音楽課題】
□指定曲のうち，受験者が選んだ曲を電子オルガンで弾きながら歌う。
□指定曲のうち，試験委員が指定した曲を電子オルガンで弾きながら歌う。
　指定曲…『小学校学習指導要領(音楽)』で示されている共通教材より「かくれんぼ」「茶つみ」「われは海の子」
※楽譜は各自持参すること。

▼中学校及び特別支援学校(中学部)技術
【課題1】
□パソコンに関する実技
　「エネルギー変換に関する技術」のまとめの授業で，エネルギー資源の現在と未来に関するプレゼンテーション資料をつくらせることとした。そこで，例として生徒に見せるプレゼンテーション資料を，次の条件1，2，3に従い，作成せよ。
　なお，作成したデータは，ファイル名は受験番号とし，指示された場所に保存せよ。作業時間は45分とする。
1　作成について
　・プレゼンテーションソフト「パワーポイント」を使用する。
　・プレゼンテーションは5分程度として，スライドの枚数は4枚以上とし，そのうちの1枚は表題のスライドとすること。
　・字体，文字サイズ，文字飾り等は，適宜工夫して表記すること。
　・表計算処理ソフト「エクセル」を利用して，「表」や「グラフ」を作成し，必ず用いること。
　※使用するソフトウェアの機能等の活用については，制限はないが，インターネットの使用は不可とする。
2　表題のスライドについて
　・表題は，「エネルギー資源の現在と未来について」として記載すること。

・副題として，作成するプレゼン資料の内容に関連する文言を記載すること。
・受験番号を記載すること。
3 内容について
・プレゼンテーションの作成についての興味・関心を高めるための資料とすること。
・別紙に示す参考資料(図1から図3)を基に，「表」や「グラフ」を最低一つは作成して，スライドに貼り付けること。なお，グラフの種類や色については，指定はしない。
・各自のコンピュータのデスクトップに貼り付けてあるPDFデータ(図4)は，工夫してスライドに貼り付けること。
・作成した「表」や「グラフ」から読み取れる内容と，図4を踏まえ，生徒に技術分野で学習した，技術を評価し活用する能力を育ませるよう適宜工夫して内容を構成するようにすること。

〈参考資料〉

図1

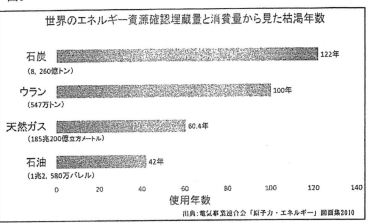

図2

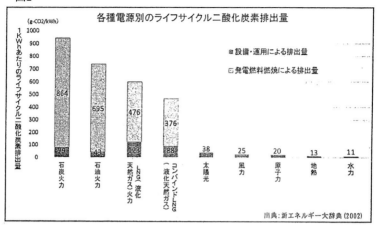

各種電源別のライフサイクル二酸化炭素排出量

図3

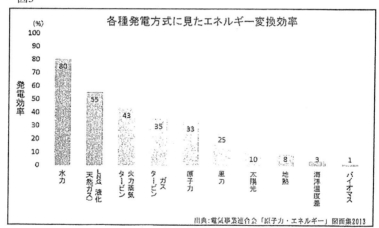

各種発電方式に見たエネルギー変換効率

【課題2】

□木工製品の製作

　用意された材料及び道具を用いて，下の第三角法による正投影図で示された「小物入れ付き本立て」を製作せよ。なお，作業時間はけがきを含め，120分とする。

【組立図】

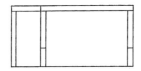

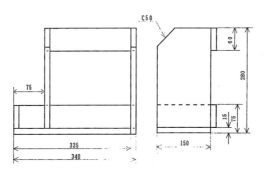

【材料表】

部品番号	部 品 名	仕上がり寸法（幅×長さ×板厚） 単位はmm	数量
①	本立て右側板	150×280×15	1
②	本立て左側板	150×265×15	1
③	底板	150×325×15	1
④	背板（上）	60×265×15	1
⑤	背板（下）	60×340×15	1
⑥	小物入れ右側板	60×150×15	1

【木取り図例】

《板材A》

《板材B》

④ 背板（上）	⑤ 背板（下）		⑥ 小物入れ右側板

【条件】
①受験生に渡す材料　　板材A　　　150×900×15　　1枚
　　　　　　　　　　　板材B　　　60×900×15　　 1枚
　　　　　　　　　　　くぎ　　　　　　　N35　　30本
　　　　　　　　　　　木工ボンド　　　　　　　　 1個
②使用可能工具等　さしがね，直角定規，両刃のこぎり，平かんな，
　　　　　　　　　けずり台，四つ目ぎり，はたがね，げんのう，木
　　　　　　　　　づち，くぎ抜き，木工やすり，紙やすり
③その他　組立後，終了した者は作品に受験番号を記入し提出する。

▼中学校・高等学校及び特別支援学校(中学部・高等部)家庭
【課題】
□調理・裁縫

▼中学校・高等学校及び特別支援学校(中学部・高等部)英語
【課題】
□英語によるインタビュー

▼高等学校及び特別支援学校(高等部)電気
【課題】
□回路の作成
　下図は，フルカラーLEDを点灯させる回路である。次の手順で回路
を完成させよ。
1　部品を基板にハンダ付けし，回路を組み立てて完成させよ。ただ
　し，部品表で示した部品はすべて使うこと。
2　VRを調整し(電池を接続し，SW1を入れる)，ICの出力電圧を3V±

0.1Vに調整せよ。

3　2の状態でSW2を押すと，フルカラーLEDが1色ずつ発光すること
を確認せよ。

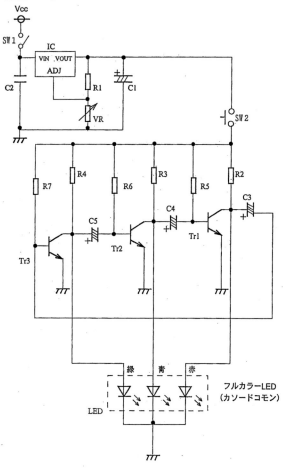

部　品　表

配　号	規　　格
R1	120Ω
R2, R4	470Ω
R3	200Ω
R5, R6, R7	10kΩ
Tr1,Tr2,Tr3	2SC1815
IC	LM317
C1	10μF
C2	0.1μF
C3,C4,C5	100μF
VR	500Ω
SW1	トグルスイッチ
SW2	タクトスイッチ
LED	フルカラーＬＥＤ
	電池（9V）
	電池スナップ
	スペーサー

抵抗 カラーコード（ＪＩＳ）

色	数字	色	数字
黒	0	緑	5
茶	1	青	6
赤	2	紫	7
橙	3	灰	8
黄	4	白	9

Tr ピン配置

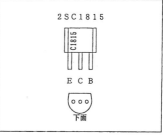

VR ピン配置

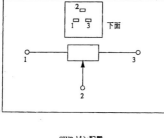

LED ピン配置

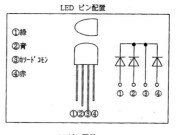

SW2 ピン配置

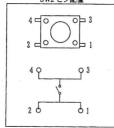

IC ピン配置

▼高等学校及び特別支援学校(高等部)機械

【課題】

□製図

　与えられた部品の寸法をノギスとスケールで測定し，別紙(A3ケント紙)に第三角法で次の1から8に基づき組立図および部品図をかけ。

1　図面の尺度は原寸とし，寸法を記入する。

2　組立図には寸法を記入しなくてよい。

3　ねじ部は略画法でかくものとし，ねじの呼びはM10とする。

4　寸法数値は小数点以下を四捨五入する。

5　かど，すみの丸みはR1として作図する。

6　投影図の数は必要最小限とする。

7　全体の製図法は，製図に関する日本工業規格(JIS)による。

8　輪郭線及び受験番号の記入方法は以下の通りとする。

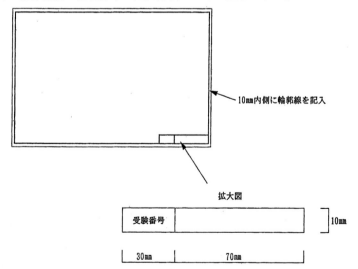

▼特支教育

【課題】

特別支援教育

問題	知的障害者である児童に対する教育を行う特別支援学校の小学部における算数科の学習指導案(45分)について、下記の様式により作成しなさい。 　対象は小学部3年生の5名である。本時は、題材「ながい、みじかい」(教科書：さんすう☆☆ 文部科学省 領域「量と測定」)の2時間目(全4時間)である。教室において、教員が2名で指導をする。 　『単元名』『本時の目標』をそれぞれ1つ設定し、展開の『時間』『学習活動』『指導上の留意点』『準備物等』について、児童が主体的に学習できるよう具体的に記述しなさい。なお、『本時の目標』は、文末を「〜できる。」として、記述しなさい。

算数科　学習指導案

単 元 名		対象学年児童数	小学部3年5名	場 所	教室	指導者数	2名
児童の実態	学級の児童は、身近な具体物を比較して、「大きい、小さい」などと言うことができるが、「長い、短い」と言うことはない。また、図工の時間に造形活動をすることや音楽の時間に歌を歌うことが好きであるが、国語の時間における文字の読み書きについては苦手な児童が多い。5名のうち1名(A児)は、理解言語の程度に比較して表出言語が極めて少なく、しばしば教室を飛び出してしまうことがある。						
本時の目標							

展開（45分）

時 間	学 習 活 動	指 導 上 の 留 意 点	準 備 物 等

2015年度

◆実技試験(1次)

▼中学校・高等学校・特別支援学校(中学部・高等部)音楽

【課題】

□聴音

□新曲試唱

□スケール

□初見演奏

□弾き歌い

※聴音以外は1人ずつ行う。

▼中学校・高等学校・特別支援学校(中学部・高等部)保健体育

【必修課題1】

□陸上競技

80mハードル。

※第1ハードルまでの距離16m，間隔8m，高さは中学生ハードルのもの。

※練習あり。3台ずつ並べられたハードルが3レーン用意されており，何回練習しても構わない。

※クラウチングスタートでもスタンディングスタートでも可。

【必修課題2】

□器械運動

マット運動

※ロングマット1本，3〜5種類の技を組み合わせて行う。技のつながりも見られる。

※試験官2人，長さは15m程度，折り返して使用してもよい。

※練習は2回ずつできる。

【選択課題1】

※球技3種目から1種目を選択する。

□サッカー

〈リフティング〉

ペアで行い，3分間でできた回数を自己申告する。

〈パス練習〉

20〜30mの距離を5分間ペアでパスを行う。10人1グループずつ，対人パス。

〈ミニゲーム〉

サッカーコートの4分の1程度の大きさのサッカーコートを設置し，グループで5対5のミニゲームを行う。

※事前にチームでポジションを考える時間あり。

・女子は人数が少なかったため，3対3に学生と教員(大人)の補助が入り，4対4で得点を競った。

【選択課題2】
　※武道・ダンスから1種目選択
□ダンス
　※2曲用意されており，最初の説明の時にそれぞれ2回ずつ聞くことができる。
　※曲は①創作ダンス(壮大な音楽，1分程度)，②現代的なリズムのダンス(マイケル・ジャクソン「The Way You Make Me Feel」，1分30秒程度)からの選択であった。
　※選択した曲や，自分で考えたテーマと構成を書く用紙を渡され，実技の直前に提出する。
　※試験官は2人であった。
　※場所の広さは4m四方程度。
　※試験前に10人くらいの受験者で1曲ずつかけて練習する時間があった。
　・試験会場がひらかれているため，他の受験者のダンスを見ることができるので，ダンスをイメージする時間は十分に確保されている。

▼中学校・高等学校・特別支援学校(中学部・高等部)美術
【課題】
□平面作品制作
□立体作品制作

◆集団面接(1次)　面接官3人　受験者7〜9人　40分
　※教室に入る前に受験番号と名前を言う。荷物を持って教室に入り，指定された場所に置く。
　※面接中は，受験番号の若い順からA，B，C，…とアルファベットで呼ばれる。
　※最初の質問のみAさんから順番に，それ以降は挙手制で発言する。

※1回の発言は1分以内に収めるように指示がある。もし長くなった場合は切られる。

会場：中学校教室　■ 面接官　□ 受験者

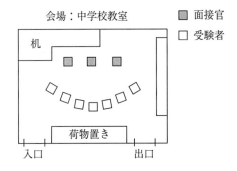

▼小学校教諭

【質問内容】

□教員にとって必要な資質とはなにか。

□休み時間にクラスで1人でいる児童にどうするか。

□志望動機。優しい先生，厳しい先生のどちらになりたいか。

□分かる授業とは何か。

□3年生なのに九九を理解していない児童にどう対応するか。

　・発言していない間には，姿勢や足下目線などに気を付ける。

　・他の人の意見をしっかり聞く姿勢と笑顔をこころがけよう。

▼中学国語

【質問内容】

□教師に必要な資質を高めるために教師になってからどのようなことをしたいか。

□授業中指示を聞かない生徒に対してどのような指導をするか。

□部活動の顧問になったとき，何を中心に指導していこうと考えているか。

□「確かな学力」を生徒に身に付けさせるために自分ができることは

何だと思うか。

□物を大切にする心を育むためにどのような指導をしていくか。

　・全員が答えた後で，言い忘れたことや付け加えたいことがあるか確認されるため，焦らず答えられた。

▼高校国語

【質問内容】

□教員の資質向上のために，あなたは何に取り組むか。

□わかる授業とはどういうものか。

□合格してから春(採用)までに何を行うか，研究会などには参加したいか。

□いじめについて，学級担任として未然防止または早期発見のために何を行うか。

□学生時代の経験，趣味，特技などで，これからの教育に生かせるものはあるか。

　※1問だけ，アルファベットの逆順で発言した。

　・基本的なことが問われるので，自分の考えを整理しておくとよい。

▼中学数学

【質問内容】

□教師の資質を磨くために行いたいことは何か。

□数学が苦手な子に対して，どのような指導を行いたいか。

□趣味や特技をどのように教育活動に活かしたいか。

□茶髪やピアスなどをしてきた生徒にどう指導するか。

□コミュニケーションをとる上で大切なことを一言で表すと何か。

　・付け足しがある場合は何度挙手して発言してもよい。

▼中学理科

【質問内容】

□教員の資質向上のために取り組んできたことはなにか。

□あなたが目指す教師像はなにか。

□初めての保護者会での挨拶をせよ。

□担任となったクラスの子どもたちにまず話したいこと。

□いじめのないクラスをつくるために，担任としてどのように指導するか。

□分かる授業とは何か。

□実験以外に興味を持てない生徒に対してどう対応するか。

□自己PRを一言で話しなさい。

　・自分の言葉で熱意を伝えるとよい。

▼中学英語

【質問内容】

□教師に必要な資質，能力はなにか。

□いじめのないクラスをつくるにはどのようにすればよいか。

□「厳しい先生」と「怖い先生」の違いはなにか。

□ボランティア体験を教育的実践として生かせそうな学びは何かあるか。

□趣味・特技を教育的実践として生かせそうな学びは何かあるか。

▼中学音楽

【質問内容】

□保護者とよい関係を築くためにはどうするか。

□音楽が苦手(嫌い)な生徒にどうやって指導するか。

□ボランティアなどの経験から教育に生かせることはなにか。

▼中学保体

【質問内容】

□教員として必要な資質は何だと思うか。

□これだけは誰にも負けないという強みはなにか。

□分からない，できないという子に対してどのような指導をするか。

□教師になって教えたいこと，育てたい子どものイメージはどのようなものか。

◆適性検査(2次)　60分
　▼全校種
【検査内容】
□MMPI
　※選択マーク式

◆集団討論(2次)　面接官4人　受験者7〜12人　40分
　※討論前に，司会は立てないこと，メモをとっても大丈夫なこと，自由討論で結論を出すことが目的ではないということが伝えられる。
　※討論メンバーの事前顔合わせや相談などは禁止された。
　※筆記用具を持って入室し，課題についての意見を紙に書く(1分程度)。
　▼小学校教諭
【テーマ】
□宿泊学習の直前，ある児童が腹痛を訴え宿泊学習に行きたくないと言っていると保護者から連絡がありました。親としてもお金を払ってまで苦しい思いをさせたくないので休ませたいと言っている。保護者の意見を聞いて休みを認めますか。それとも参加させますか。
　※はじめに考える時間が5分有り，自分の意見(立場)を決める。
　・幅広い意見が述べられるような切り口を自分から提案し，グループ全体で良い討論ができるように心がけた。

　▼高校国語
【テーマ】
□昼休みの校内巡回中に，校舎裏でAさんが携帯電話を使ってひそひそ会話しているのを目撃した。Aさんはこちらに気付き，申し訳な

さそうな顔をしていた。あなたは，Aさんの家庭事情が複雑であることを職員会議を通して知っていた。この学校では，携帯電話を校内に持ち込むことは禁止されている。あなたはこの時，Aさんの通話をやめさせるか，それとも続けさせるか。

※着席後課題が書かれた用紙が配布され，課題を確認した後，どちらの立場をとるのか5分間で自分の考えをまとめ，紙に記入するよう指示があった。

※討論終了後，用紙は回収された。

・人数が多いので，1人が話す回数は多くはなかった。

・相手の話を聞いているときの姿勢が重要である。メモに気をとられすぎず，相手の目を見たりうなずいたりといった傾聴の姿勢を心掛けるべき。

・集団討論の練習は何度も行ったほうがよい。

▼中学数学

【テーマ】

□宿泊学習のグループ作りで1人になってしまった生徒がいた。その生徒はそれから腹痛などで学校を休むようになった。その生徒の保護者は，自分の子どもの様子を見て，宿泊学習を欠席したいと担任に相談してきた。自分が担任だったら，保護者を説得させて宿泊学習にその生徒を連れていくか，または保護者の意見を受け入れるか。

※自分がどちらの考えなのかを決めて討論を始める。

※発言は1分以内で前の発言者と関連付けるようにする。

※受験者は1〜10の番号で呼び合う。

※4人の試験官が机の周りをローテーションするが，気にせず続けるように指示がある。

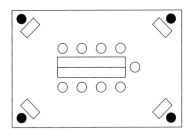

● …試験官
○ …受験者

▼中学理科
【テーマ】
□学校内で隠れて携帯電話を使用している生徒がいる。その生徒は家庭内で複雑な事情を抱えている生徒です。あなたはこの時，生徒の通話を切るように促すか，それとも電話が終わるのを待つか。
□宿泊学習前日，ある生徒の保護者から欠席したいと連絡があった。クラスに仲のよい生徒がおらず，宿泊学習が近づくにつれて腹痛が起こるようになった。保護者はお金を出してまでつらい思いをさせたくないと言っている。あなたは教師として生徒の欠席を認めるか，それとも保護者を説得して参加させるか。
　※発言が長すぎると面接官が止めることもある。
　※事前に同じグループになる人と話してはいけない。
　・受験者が多いので，自ら手を挙げ積極的に意見を言わないとPRできない。

▼中学英語
【テーマ】
□宿泊学習直前に体調不良を訴えた生徒がいる。親も心配して行かせたくないと言っている。宿泊学習に行かせるべきか否か，対応策などについて話し合いをしなさい。

◆個人面接(2次)　面接官3〜4人　20分
　▼小学校教諭
　【質問内容】
　□新聞は1日どのくらい読むか。どのページをよく読むか。
　　→最近印象に残っている記事はあるか。
　□希望の勤務地はあるか。
　□得意な教科は何か。
　□子どもたちの学習意欲を引き出すために，どんな授業をするか。
　□どのように子どもたちの達成感を引き出すか。
　□小学校時代に学んだことで，今に生きていることは何か。
　□自分の長所はどんなところか。
　□教師として大切な指導力とはなにか。またその力は自分に備わって
　　いると思うか。
　□少子化によるメリットとデメリットをどのように考えるか。
　□学生時代のアルバイト経験とボランティア経験はあるか。
　　→そこで学んだことはあるか。
　〈場面指導〉
　□いじめについての学級会中にD君が「Aくんはいつも自分勝手なこ
　　とをするから，いじめられて当然だ」と言い始め，周りの子どもた
　　ちも同調している。どう対応するか。
　　※構想30秒，場面指導3分。
　　※試験官1人がD君の役をする。
　　・生徒役の試験官が簡単に言うとおりにしてくれる訳ではないの
　　　で，自分の立場や意見を崩さないことに気を付けた。恥ずかしさ
　　　を捨てて，担任の先生になりきればよい。

　▼高校国語
　【質問内容】
　□なぜ栃木県を受験したか，なぜ東京都を選ばなかったのか。
　□栃木県以外に受験したか，両方合格したらどうするか。

□卒業論文のテーマは何か。最終的な方向性はどうするのか。

　　→それは教育に生きるのか。

□栃木県の教育の情報はどこで確認したか。

　　→それには具体的にどのようなことが書かれていたか。

□教科指導以外に一番頑張りたいことは何か。

□話を聞かない生徒，協力的ではない生徒に対してどうするか。

　　→どうしても聞かない場合はどうするか。

□「生きる力」とは何か。

□自分の長所・短所はどこか。

　　→長所をどのように教育に生かすか。

　　→教育実習で，長所を生かした場面はあるか。そのとき，大変だっ
　　　たことは何か。

□大学での専攻は何か。わかりやすく説明せよ。

□「日本語が乱れている」という主張に対してどう思うか。

□接続詞のおもしろさは何か。

□古文の授業で，品詞分解をすることのメリット・デメリットは何か。

□勤務地はどこでもよいか。

□特別支援学校でもよいか。

　　・大学での専攻の話(日本語学)をとても掘りさげられた。

　　・面接官と言葉のキャッチボールをする感覚で臨めばよいと思う。

　　・聞かれそうな質問に対しては，あらかじめ自分の意見をまとめて
　　　おくとよい。

▼中学数学

【質問内容】

〈導入〉

□試験会場への交通手段を説明せよ。

□本をよく読むか。

　　→最近読んだ本で生徒にすすめたい本はあるか。

　　→その理由はなにか。

〈場面指導〉

□始業式に金髪にしてきたA君に「髪の色を元にもどしなさい」と指導したところ，A君が「先生には関係ないじゃん」と言ってきた。そのあとどう対応するか。

※構想に30秒与えられ，3分間で実施する。

〈面接〉

□魅力ある授業とは何か。

→具体的にはどのようなものか。

→中学1年生における，正の数・負の数でどのような発問の工夫をするのか。

□不登校を未然に防ぐにはどうすればよいか。

→他にはあるか。

□卒業はできそうか。

□現代の教員に必要な資質，能力はなにか。

→様々な価値観の保護にどう対応するか。

□学校方針にあわない要求を保護者にされたらどうするか。(自分の子どもだけ〜してほしい。)

→上司に相談する前にあなたの意見が聞きたいと言われたらどうするか。

※導入→場面指導(ロールプレイング)→面接という順で行われた。

▼中学理科

【質問内容】

□本日，会場にはいつごろ着いたか。

□他県で試験を受けているところはあるか。

〈場面指導〉

□髪を染めてきた生徒に対してどう対処するのか。

※面接官が場面を読み上げる。(2回)

※30秒間考える時間をもらい，5分程度行われた。

※面接官の1人が生徒役をする。

・「○○先生も髪を染めている。なぜ先生は良くて自分はダメなの？」という質問があり，少し回答に困った。

〈面接〉

□なぜ中学校の教員になろうと思ったのか。

□教育実習ではどのようなことに苦労したか。

□大学で学んだことを現場でどのように生かすか。

　※発言に対して，さらに深めるような質問がされることもある。

　・空気は和やかで，笑顔がでることもあった。

▼中学英語

【質問内容】

□大学での研究内容はなにか。

　→教員にどういかせるか。

□大学生活の中で苦労したことはなにか。

　→それをどう乗り越えたか。

□いろいろな個性の子どもがいるクラスをまとめるためにどうするのか。

□自分が教師に向いていると思うところはどこか。

□自己PR。

〈場面指導〉

□授業中，スマートフォンを使って調べ物をしようとしている生徒への対応。

◆実技試験(2次)

　▼小学校及び特別支援学校(小学部)

　　※運動実技の詳細は当日に指定される。

【体育課題1】

□水泳

　25m，泳法自由

247

【体育課題2】

□マット運動

　基本的な技を4つ行う。

　※マットが長いので，一方向に連続して技を行うことができる。

　※靴下着用か裸足で行う。

【体育課題3】

□跳び箱

　男子は8段，女子は6段の高さ。縦置きで開脚跳びを行う。

　・体育系の実技は細かい精度よりも，できるかできないかを見ている気がした。苦手な人は早いうちから練習しておくとよい。

【音楽課題】

□電子オルガンを用いた弾き歌い(2曲)

　※指定曲から2曲演奏する。指定曲は，『小学校学習指導要領(音楽)』で示されている共通教材より，「春がきた」「さくらさくら」「おぼろ月夜」。

　※1曲目は受験者が選択，2曲目は試験委員が指定した曲を電子オルガンで弾きながら歌う。

　※楽譜は各自で持参する。

　・弾き歌いは，電子オルガンなので予想以上に大きな音がでる。歌が負けてしまわないように気をつける。

▼中学校・高等学校及び特別支援学校(中学部・高等部)英語

【課題】

〈英語による口頭試験〉

□教師になりたいと思ったきっかけは何か。

□海外に行ったことはあるか

□4技能の中で特に重視するものは何か，理由も含めて述べよ。

□教師や学生の英語力向上のためにしたいことは何か。

▼中学校及び特別支援学校(中学部)技術

【課題1】

□パソコンに関する実技

　　「ディジタル作品の設計・制作」の授業で，情報モラルの理解促進及び啓発を行うプレゼンテーション資料をつくらせることにした。そこで，例として生徒に見せるプレゼンテーション資料を，下の条件1，2，3に従い，作成せよ。なお，作成したデータは，ファイル名は受験番号とし，指示された場所に保存せよ。作業時間は45分とする。

〈条件〉

　1　作成について

　　・プレゼンテーションソフト「パワーポイント」を使用する。

　　・プレゼンテーションは5分程度として，スライドの枚数は4枚以上とし，そのうちの1枚は表題のスライドとすること。

　　・字体，文字サイズ，文字飾り等は，適宜工夫して表記すること。

　　・表計算処理ソフト「エクセル」を利用して，表やグラフを作成し，必ず用いること。

　　※使用するソフトウエアの機能等の活用については，制限はないが，インターネットの使用は不可とする。

　2　表題のスライドについて

　　・表題は，「情報モラルについて」として記載すること。

　　・副題として，情報モラルや情報セキュリティーに関するキャッチフレーズを記載すること。

　　・受験番号を記載すること。

　3　内容について

　　・プレゼンテーションの作成についての興味・関心を高めるための資料とすること。

　　・下に示す【調査結果1】または【調査結果2】を利用し，調査結果を示す「グラフ」を作成して，スライドに貼り付けること。なお，グラフの種類や色については，指定はしない。

・作成した「グラフ」から読み取れる内容を基に，技術分野で学習する情報セキュリティーについて，生徒に理解させるよう適宜工夫して内容を構成するようにすること。

〈調査結果1〉「携帯電話を初めて所持した学年」

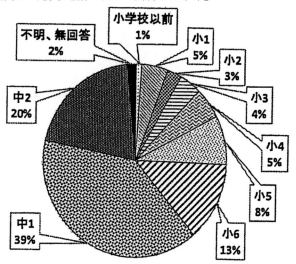

〈調査結果2〉「スマートフォン・携帯電話の1日当たりの使用時間」

使用時間 / 学年	30分より少ない	30分以上～1時間	1時間以上～2時間	2時間以上～3時間	3時間以上～4時間	4時間以上	不明、無回答
小学校5年生	73.2	13.0	5.1	2.9	0.7	2.2	2.9
中学校2年生	24.3	14.9	23.9	15.7	10.8	9.3	1.1
高等学校2年生	9.9	15.0	28.1	22.5	11.6	12.6	0.3

〈参考〉

・〈調査結果1〉は，携帯電話を所持している中学2年生を対象に，「携帯電話を初めて所持したのはいつか」と質問し，結果をまとめたグラフである。

・〈調査結果2〉は，スマートフォンや携帯電話を所持している児童生徒を対象にし，「1日にどれくらいの時間使用しているか」と質問し，結果をまとめた表である。

【課題2】

□木工製作

　　次の図は第三角法による正投影図である。図で示された「マルチラック」を用意された材料及び道具を用いて，製作せよ。作業時間はけがきを含め120分とする。

〈組立図の例〉

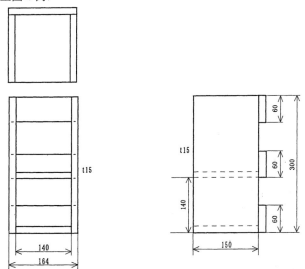

〈材料表〉

部品番号	部 品 名	仕上がり寸法（幅×長さ×板厚）　単位はmm	数量
①	側板	150×300×15	2
②	底板	150×140×15	1
③	棚板	150×140×15	1
④	背板	60×164×15	3

〈木取り図例〉

板材A

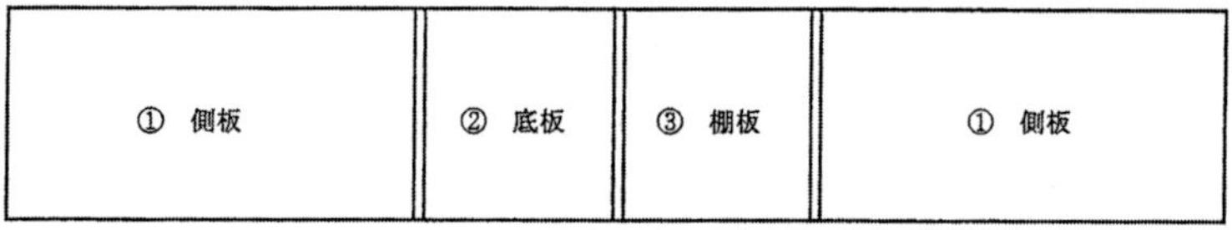

① 側板	② 底板	③ 棚板	① 側板

板材B

④ 背板	④ 背板		④ 背板

〈条件〉

① 受験生に渡す材料板材は，板材A(150×900×15)1枚，板材B(60×900×15)1枚，くぎ(N35)30本，木工ボンド1個である。

② 使用可能工具等は，さしがね，直角定規，両刃のこぎり，平かんな，けずり台，四つ目ぎり，はたがね，げんのう，木づち，くぎ抜き，木工やすり，紙やすりである。

③ 組立後，作品の底板裏側に受験番号を記入する。

▼中学校・高等学校及び特別支援学校(中学部・高等部)家庭

【課題】

□調理

□裁縫

▼高等学校及び特別支援学校(高等部)電気

【課題】

□下図はLEDを点灯させる回路である。次の手順で回路を完成させよ。

　1　部品を基板にハンダ付けし，回路を組み立てて完成させよ。ただし，部品表で示した部品はすべて使うこと。

　2　電池を接続し，VRを調節することによって最も明るいと思われる状態にし，R1の両端の電圧を測定せよ。測定結果は，指定された用紙に記入すること。

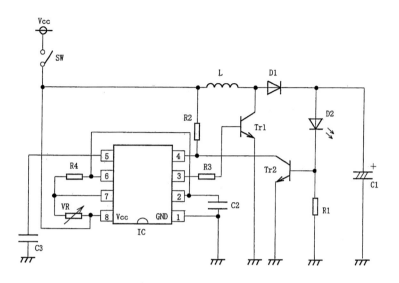

部 品 表

記 号	規 格
R1	160 Ω
R2	33 kΩ
R3	1 kΩ
R4	4.7 kΩ
SW	トグルスイッチ
VR	半固定抵抗器 (5 kΩ)
Tr1	2 S C 1 2 1 3
Tr2	2 S C 1 8 1 5
D1	ショットキーバリアダイオード
D2	発光ダイオード 白
L	コイル (100 μH)
C1	1 μF
C2	1000 pF
C3	0.1 μF
タイマー IC 555 (C-MOS タイプ)	
IC ソケット	
電池ソケット	
スペーサ (ねじ付き)	

抵抗 カラーコード (JIS)

色	数字	色	数字
黒	0	緑	5
茶	1	青	6
赤	2	紫	7
橙	3	灰	8
黄	4	白	9

Tr のピン配置

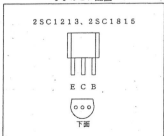

2 S C 1 2 1 3 、2 S C 1 8 1 5

E C B

下面

253

VRピン配置

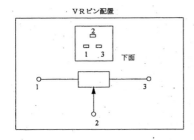

D2 ピン配置

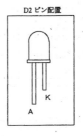

D1 ピン配置

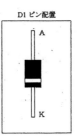

ICピン配置

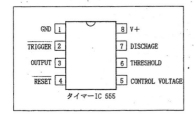

タイマーIC 555

▼高等学校及び特別支援学校(高等部)機械

【課題】

□与えられた部品の寸法をノギスとスケールで測定し，別紙(A3ケント紙)に第三角法で組立図および部品図をかけ。ただし，図面は原寸とし，寸法を記入すること。また，ねじ部は，ねじの呼びM6とする。

※寸法数値は小数点以下を四捨五入すること。

※かど，すみの丸みはR1として作図すること。

※投影図の数は必要最少限とする。

※全体の製図法は，製図に関する日本工業規格(JIS)によること。

※輪郭線及び受験番号の記入方法は以下の通りとする。

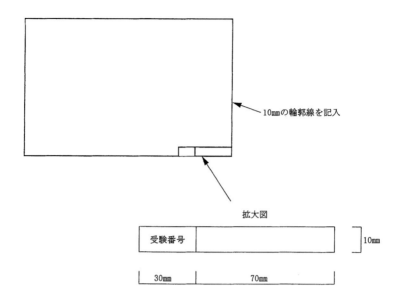

▼特別支援学校

【課題】

□特別支援教育に関する指導計画等の作成及び質疑

　　知的障害者である児童に対する教育を行う特別支援学校の小学部における算数科の学習指導案(45分)について，下記の様式により作成しなさい。対象は小学部4年生の5名である。本時は「10までの数」という単元(全6時間)の2時間目である。本単元の指導に当たっては，児童全員が好んで取り組むことができるボウリングを教材・教具として選んだ。4名の児童は，身近な具体物を5まで正確に数えることができる。残りの1名(A児)は数を正確に数えることは難しいが，数唱はできる。A児は注意の集中が続かないため離席が多い。なお指導できる教員は2名である。

　　『本時の目標』は，文末を「〜できる。」として，二つ記述しなさい。また，展開の『学習活動』には，個々の児童が主体的に取

り組める内容を含めて記述し,『指導上の留意点』は具体的に記
述しなさい。

算数科　学習指導案

単 元 名	10までの数	対象学年児 童 数	小学部4年5名	場 所	教室	指導者数	2名
本時の目 標	①						
	②						

展開（45分）

時間	学 習 活 動	指導上の留意点	準備物等

2014年度

◆集団面接(1次試験)　面接官3人　受験者10人　40分
　▼高校保体
　　※会場の配置図は下記の通り。

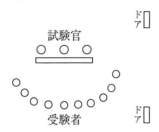

【質問内容】
　□なりたい教師像はどのようなものか。
　□いじめのないクラスをつくるにはどうすればよいか。
　□家庭でしてもらいたいことは何か。
　□教員を続けていくうえで必要な力は何か。
　※最初の質問は番号順で回答し，それ以降は挙手制で回答した。

◆集団討論(2次試験)　面接官4人　受験者9人
　▼高校保体
　　※会場の配置図は下記の通り。

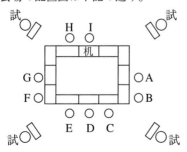

【課題】

□どのように情報モラル教育に取り組んでいきますか。

※はじめに司会を決め，司会の指示にしたがって討論を進めた。

※メモは司会のみ可。

※試験官は討論中，数回席を移動していた。

◆個人面接(2次試験)　面接官4人　20分

　　※会場の配置図は下記の通り。

【質問内容】

□保健体育の教員としてどのようなことを教えたいですか。

□公務員にはどのようなイメージがありますか。

□教員の仕事はどのようなことをやりますか。

□行っている部活動について。

□専門以外の部活動について。

□理想の教師像について。

(ここからは合否に関係ないとの話の後)

□勤務地の希望はあるか。

□特別支援学校への勤務もあり得るが，どうか。

※昨年まであったロールプレイングによる場面指導がなくなった。

◆実技試験(2次試験)
　▼小学校全科
　　(体育)
　　【水泳課題】
　　□25m(泳法自由)
　　【基本的な運動課題】
　　□跳び箱
　　□マット運動
　　※詳細は当日指定する。
　　(音楽)
　　【課題】
　　□次の指定曲のうち，はじめに，受験者が選んだ曲を電子オルガン
　　　で弾きながら歌う。次に，試験委員が指定した曲を電子オルガン
　　　で弾きながら歌う。
　　指定曲…「かたつむり」「春の小川」「こいのぼり」
　　※楽譜は各自持参する。

2013年度

◆集団面接(1次試験)　面接官3人　受験者7〜9人　40分
　▼小学校全科
　　【質問内容】
　　□なぜ教師になりたいのか。
　　□宿題をやってこない児童に対しどのような指導をするか。
　　□挨拶が出来ない児童が多い。そのような児童に対しどのような指
　　　導をするか。
　　□『心の教育』をどのように行うか。
　　※「教師になりたい理由」以外は，全て挙手制だった。
　　・長々と話す人が多かったので，端的に話した方が良い。
　　・話すときの基本的な姿勢を見ていた。

▼小学校全科

〇〇〇

▲▲▲▲▲▲▲▲

※1問目のみ，端から順番に回答。それ以降は挙手制。

▼養護教諭

【質問内容】

□志望動機について。

□何回も保健室に来る児童に，あなたならどのように関わっていくか。

□「担任の先生が怖い。学校にも教室にも行きたくない」と子どもが言っている，と保護者から電話で連絡があった。あなたはどうするか。

□あなたが，養護教諭になったら，どんな保健室にしたいか。

※今回の面接官は，私たちをリラックスさせようとしていたおかげか，穏やかな雰囲気での面接となった。

◆集団討論(2次試験)　面接官4人　受験者10人(司会者有)　40〜50分

▼小学校全科

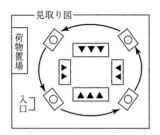

※面接官は時間がきたら隣の席にずれて，面接官全員が4方向から見るようにしていた。

【課題】

□主体的に学ぶ意欲を発達段階に合わせて育むにはどうするか。

※面接官が課題を2度読む。司会者を決めることからスタート。決まったら司会者のみ紙とペンが渡される。

・討論しあうことが最重要であり，意見を最終的にまとめる必要はない(挙手制)。

・なるべく多くの意見が出るようにひとり1分以内で述べる。

▼高校国語

【課題】

□学校での安全確保について

※話し合いで司会者を決める。

・約10分ごとに面接官が時計回りに移動する。面接官は候補者の外側四隅に座っている。

・結論は出さず，時間がきたら途中でも打ち切りとなる。

◆個人面接(2次試験)　面接官4人　20分

▼小学校全科

導入
↓
ロールプレイング
↓
面接

【質問内容】

□どうして栃木県を受験したか(県外出身者のため)。

【ロールプレイング課題】

□転校する児童に対し，D君が「あいつがいなくなってせいせいする。早く転校しろ。淋しくなんかない」と言ったらどうするか。

※構想30秒，実施3分。面接官1人がD君を演じるので，返答する。

・席を立っても良いが，近づいてはいけない。

261

・3分間を計測しているため，やり続ける必要がある。

【面接質問内容続き】

□生きる力について。また，それをどう養うのか。

□栃木県をどうして受験したのか，魅力を答えてください。

□休日の過ごし方は。

□趣味は。

□なぜ小学校を受験したのか。

▼高校国語

【質問内容】

□高校生の規範意識は低下していると思うか。

□理想の教師は。

□古典の授業にマンガを取り入れることへの賛否(反対意見も聞かれる)。

□品詞分解，逐語訳の授業への賛否(反対意見も聞かれる)。

□社会に出るにあたって，「学力」と「人間力」のどちらが大切か。

□第一印象で影響するものは何か。

※初めに現在の状況(大学)について確認。

・4人の面接官が順番に質問していく。

・専門教科に対する質問が多かった。

・場面指導(ロールプレイング)はなかった。

◆実技試験(2次試験)

▼小学校全科

(体育)

【課題】

□水泳：25m，泳法自由

□マット運動，跳び箱

(音楽)

次の指定曲のうち，はじめに，受験者が選んだ曲を電子オルガンで弾きながら歌う。次に，試験委員が指定した曲を電子オルガンで弾きながら歌う。

【課題】

□『小学校学習指導要領(音楽)』で示されている共通教材

「うみ」「夕やけこやけ」「もみじ」

※楽譜は各自持参する。

▼中学技術

【課題】

□中学校に入学したばかりの1年生に対して，特別活動の時間に，技術・家庭科の3年間の学習内容をそれぞれ10分間で説明することになった。そこで，技術分野の学習について説明するための指導資料を，プレゼンテーションソフトウエア「パワーポイント」を用いて次の条件1，2，3に従い，作成せよ。

　なお，作成したデータは，ファイル名は受験番号とし，指示された場所に保存せよ。作業時間は45分とする。

1　作成について

・スライドの枚数は4枚以上とし，そのうちの1枚は表題のスライドとすること。

・字体，文字サイズ，文字飾り等は，適宜工夫して表記すること。

・デスクトップにある「素材」フォルダ内には，参考資料(ワードファイル)や画像，イラストがあり，これらの中から適宜使用すること。その際，「ワード」「ペイント」等のソフトウエアを使用してもよい。

※プレゼンテーションソフトの機能等の活用については，制限はないが，インターネットの使用は不可とする。

2　表題について

・名称を「技術・家庭科(技術分野)について」として記載すること。

・副題として，教科の概略やねらいを示すキャッチフレーズを記載す

ること。

・受験番号を記載すること。

3 内容について

・技術・家庭科(技術分野)の学習内容について興味・関心を高める
 ための説明資料とすること。

・「教科のねらい」や「学習内容」については，必ず含めること。
 その他，「学習に対する心構え(注意事項)」，「準備物(持ち物)」等
 については，適宜工夫して内容を構成するようにすること。

□用意された材料及び道具を用いて，次の第三角法による正投影図
 で示された「本立て」を製作せよ。なお，作業時間はけがきを含
 め，120分とする。

【組立図】

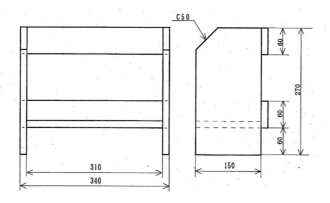

【材料表】

部品番号	部品名	仕上がり寸法（幅×長さ×板厚）　単位はmm	数量
①	側板	150×270×15	2
②	底板	150×310×15	1
③	背板	60×340×15	2

【木取り図例】

《板材A》

《板材B》

③ 背板		⑤ 背板

【条件】

①受験生に渡す材料　板材A　150×900×15　1枚　　板材B　60×
900×15　1枚　　くぎ　N35　30本　　木工ボンド　1個

②使用可能工具等　さしがね，直角定規，両刃のこぎり，平かんな，
けずり台，四つ目ぎり，はたがね，げんのう，木づち，くぎ抜き，
木工やすり，紙やすり

③その他　組立後，終了した者は作品(背板裏側)に受験番号を記入
し提出する。

▼高校電気

【課題】

□次の図は，自己保持回路でLEDを点灯，消灯させる回路である。
1〜7の手順で回路を完成させよ。

1　部品をユニバーサル基板にハンダ付けし，次の(1)から(5)に従い
回路を組み立てて完成させよ。

(1)　別紙部品表で示した部品は，全て使用すること。

(2)　ピン指定のある部品は，別紙ピン配置を参考に取り付けること。

(3)　リレーRYは，ICソケットを利用して取り付けること。

(4)　VccとGND(グランド)の適切な場所に電池スナップを取り付けること。

(5)　ユニバーサル基板の四隅にプラスチックペーサー(ねじ付き)を取り付けること。

2　電池スナップに電池を接続し，VRを調節してTP1とTP2間の電圧を5.0V±0.2Vにせよ。

3　LED2(緑)が点灯していることを確認せよ。

4　SW1を押すと，自己保持回路がセットされLED1(赤)が点灯し，LED2(緑)が消灯することを確認せよ。

5　SW2を押すと，自己保持回路がリセットされLED1(赤)が消灯し，LED2(緑)が点灯することを確認せよ。

6　上の4，5の動作を数回繰り返し，同じ動作をすることを確認せよ。

7　動作を確認したら，電池を外しLEDは消灯せよ。

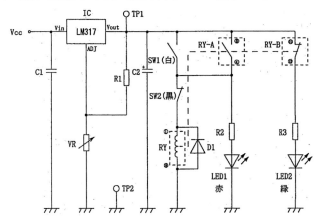

点線で囲んだ部分はリレーRY(G5V-2)の回路を表す。

①⑯④⑧⑪⑬はピン番号であり，配線の一例として示す。

部　品　表

記　号	規　　　　格
R1	固定抵抗器　270Ω
R2	固定抵抗器　820Ω
R3	固定抵抗器　330Ω
C1	セラミックコンデンサ　0.1μF
C2	電解コンデンサ　10μF
VR	半固定抵抗器(5kΩ)
D1	ダイオード
LED1	発光ダイオード(赤)
LED2	発光ダイオード(緑)
RY	リレー(G5V-2)
IC	電圧可変型3端子レギュレータ(LM317)
SW1	タクトスイッチ(白)
SW2	タクトスイッチ(黒)
TP1	テストピン(黄)
TP2	テストピン(黒)
VCC	電池(9V)
	ICソケット16ピン(リレー用)
	電池スナップ
	プラッスチックスペーサ(ねじ付き)

カラーコード (JIS)

色	数字	色	数字
黒	0	緑	5
茶	1	青	6
赤	2	紫	7
橙	3	灰	8
黄	4	白	9

VRピン配置　　　Dピン配置　　　LEDピン配置

(Front View)

RYピン配置

(Bottom View)

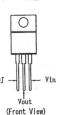

ICピン配置

ADJ　　　Vin

Vout
(Front View)

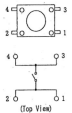

SW1(白) ピン配置

(Top View)

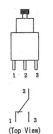

SW2(黒) ピン配置

(Top View)

※部品は，テスターなど利用しピン配置を確認してから使用すること。

▼高校機械

【課題】

□与えられた品物の寸法をノギスとスケールで測定し，別紙に第三角法で組立図および部品図をかけ。ただし，図面は原寸とし，寸法を記入すること。また，ねじ部はねじの呼びM8とする。

(注意)

(1) 寸法数値は小数点以下を四捨五入すること。

(2) かどの丸みはR3とする。

(3) 図面枠は不要，用紙の右上に受験番号を記入すること。

(4) 投影図の数は必要最少限とする。

(5) 全体の製図法は，製図に関する日本工業格(JIS)によること。

▼高校建築

【課題】

次の木造平屋建て専用住宅の単線の図面を記入例にならい，複線の図面としてかけ。ただし，外壁は大壁とし，内壁は，和室においては真壁，それ以外は大壁とする。柱の寸法は105mm×105mmとする。また，縮尺は$\frac{1}{100}$とし，方位，床仕上げの目地，家具，設備等を記入すること。

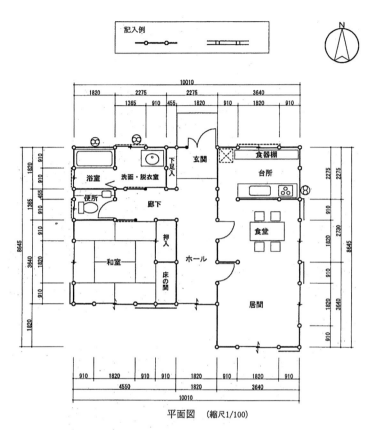

平面図　（縮尺1/100）

注）記号　♪　は掃き出しの開口部とし、その他は窓の表示とする。
　　　　　●　は半柱とする。
　　　　　⊗　は換気扇とする。

実技試験実施上の注意
諸注意
(1)　受験番号の記入方法
・A3のケント紙に外枠線を記入する。記入後，右下隅に受験番号及
　び氏名を記入する。

面接 試 験 実 施 問 題

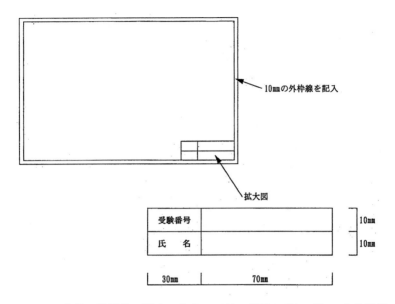

（２） 家具・設備等の記入にあたっては，指定のテンプレートを使用
してよい。

▼特別支援教育
【課題】
□知的障害者である児童に対する教育を行う特別支援学校の小学部
における生活単元学習の指導案(45分)について，下記の様式によ
り作成しなさい。

　対象は小学部6年生の5人であり，注意の集中が続かず離席が多
い児童1名を含む。

　本時は，校内で収穫したじゃがいもを使って調理をするための
事前学習3時間中の2時間目であり，学習内容は前時に決めた調理
内容に応じて，調理手順を考え，役割分担を決めるものである。
児童は，今までにフライパンや鍋を使用した簡単は経験している
が，包丁を使用した経験はない。なお，じゃがいもは本単元のた

270

めに栽培してきたものである。

　『本時の目標』は，文末を「～できる。」とする。また，『前時に決めた調理内容』を設定した上で展開を考えること。展開の『学習活動』には，自己選択・自己決定ができる活動を含めて設定することとし，『指導上の留意点』は安全面・衛生面も含めて具体的に記述しなさい。

生活単元学習　学習指導案

単 元 名	じゃがいもで料理をしよう	対象学年 児 童 数	小学部6年 5人	場　所	教室	指導者数	2人
本時の学習	調理の手順を考え、役割分担を決めよう						

本時の 目　標	①	前時に決めた調理内容
	②	

展開（45分）

時間	学　習　活　動	指導上の留意点	準備物等

2012年度

◆集団面接(1次試験)　面接官3～4人　受験者6～10人　30～40分
　▼高校英語
　【質問内容】
　　□自分の短所は。また，その短所を改善するために，どんなことを
　　　日頃から試みているか。
　　□評価について。生徒たちを評価するということにどんな利点があ
　　　ると思うか。
　　□PTAについて。あなたが担任になったら，生徒の保護者たちとど
　　　のように関わっていきたいか。
　　□生徒の中にはどうしてもテストの点数が低い子がいる。それでい
　　　て，なかなか成績が伸びない。あなたなら，この生徒にどのよう
　　　な指導を試みるか。
　　※面接官は3人(内訳は男性2人，女性1人。女性はPTA関係と思わ
　　　れる)。荷物を持って教室に入る。その後，受験番号と氏名を
　　　一人ずつ名乗った後，一連の進行はアルファベットでAさん，
　　　Bさん，Cさん……と呼ばれる。

　▼中学理科
　【質問内容】
　　□なぜ教員を志望しているのか。
　　□理科以外で生徒に身につけて欲しいことは何か。
　　□保護者とのコミュニケーションで，大切なことは何か。
　　□自分の趣味や特技で，教育に活かせると思うことは。
　　□友人からはどのような性格だと言われるか。
　　□もし今回不採用となった場合，どうするか。
　　※回答順は座席(受験番号)順や挙手順などさまざまだった。
　　　回答は1分を目安にするよう，指示がある。

▼中学数学

【質問内容】

□中学校を志望した理由は。

□部活動の経験から教育に活かせることは。

□「教育的愛情」とは何か。

□アルバイトやボランティアの経験から教育現場に活かせることは。

□一言で言うと，どんな教師になりたいか。

▼小学校全科

【質問内容】

□教師を志した理由は。

□不登校の子どもに対する対応は。

□クラスに野菜嫌いの子どもがいたらどう指導するか。

□規範意識の低下についてどう指導するか。

◆集団討論(2次試験)　面接官4人　受験者9〜10人　40分

▼小学校全科

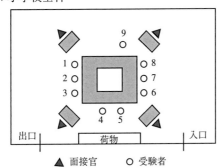

【課題】

□教師に必要な資質・能力とはどのようなものか。

　※討論メンバーの事前顔合わせ，相談等禁止。メモを取れるのは

273

司会者のみ。発言は1分以内で，前の発言者と関連付けるようにする。受験者は1〜9番の番号で呼び合う。

・自由討論なので結論は求められない。司会者(1人)はその場で自分たちで決める(「決めるところから見ます」といわれた)。

・4人の試験官がローテーションするが，気にせずに討論を続けること。入室時間も含め，40分間程度。以上のことは入室後に説明される。

◆個人面接(2次試験)　面接官4人　受験者1人　20分

▼小学校全科

面接官　▲
受験者　○
机　　　■

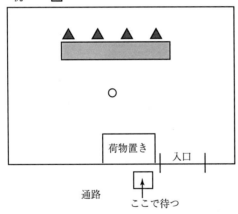

【質問内容】

□待っている時の心境は。

□今日，会場へ来る時の交通手段は。

□卒業後，現在の勤務について。

□うたれ強いか。

□最近の子どもたちに不足していると思う力は何か。

→(自分の答えに対して)どう指導していくか。

→本当にできるか。

□いじめが原因で不登校になってしまった子と，その保護者への対応は。

□理想の教師像は。

→実現のために，具体的にどうするのか。

□最近，何か怠けていることはあるか。

□欲はあるか。

→(人間には)108つの煩悩があるが，そのうちのどれか。

→他には何かないか。

(途中，ロールプレイを実施。30秒で考え，3分間実演)

【課題】

□忘れ物が続くA君。A君の保護者に協力を……と頼んでも「ウチの方針だから手は貸さない」の一点張り。どう対応するか。

→以上のようなモンスターペアレントと呼ばれる人をどう思うか。

※各質問で答えた内容について，さらに突っ込んで質問される，という感じだった。

・面接開始時間の30分前に受付。控え室で待機する。

・面接開始時間の2分前には面接室前へ移動。前の人が退室後，1分経ったら中へ。

◆実技(2次試験)

▼小学校全科

(体育)

【課題】

□マット運動（4つの連続技，練習2回あり）

□跳び箱（練習3回あり）

□水泳(25m)

※1時間程度。会場変更で高校で実施になったので，高校生用跳び箱の5段での試験だった。水泳は会場変更になったため，雨天ではできない会場で，雨天中止になった。

(音楽)
【課題】
□オルガン弾き歌い
募集要項に記載されている3曲(今年度は，『ひらいたひらいた』『ふじ山』『冬げしき』)を演奏。1曲目は自分の希望曲で1番のみ演奏。2曲目は残りどちらかから指定され，1・2番を演奏する。
※5分程度。オルガンなので，ピアノよりも弾きにくかった。

▼特別支援教育
【課題】
□知的障害者である児童生徒に対する教育を行う特別支援学校の中学部における国語科の学習指導案(50分)について，次図の様式により作成しなさい。

　対象は中学部2年生3人で，音声言語による表出が難しい生徒1名も含む。学習内容は，博物館への校外学習で見聞きしたことや感想等を発表するための準備やその練習とする。なお，3名とも面白いと思ったところは博物館のパンフレットに印を付けながら見学していた。

　発表の内容は自由に設定し，活動場所は教室とする。また，準備やその練習は本時のみである。

　『本時の目標』は国語科の内容である「聞く・話す」及び「書く」の観点で作成し，文末を「～できる」としなさい。

　『学習活動』には，自己選択・自己決定できる場面を含めて記述しなさい。

国語科　学習指導案

題材名	博物館の見学	対象学年 生 徒 数	中学部2年 3人	場　所	教室	指導者数	1人
本時の 目　標	①						
	②						

展開（50分）

時間	学　習　活　動	指導上の留意点	準備物等

▼中学技術

【課題1】

※用意された学習用自律型ロボット(以下ロボット)と，それを動かすためのソフトウエアを利用し，課題を達成できるプログラムをそれぞれ作成する。課題ごとに作成したプログラムは，ロボットにプログラムを転送し，各自実際に動作確認をする。

・確認が終了したら，課題を達成できたプログラムは，「レポ

277

ート」タブを開き，名前の欄には受験番号を，フローチャート
のタイトルには「課題1」のように入力し，印刷。なお，以上
の作業は，各課題ごとに指定された時間内に行う。

□ロボットを課題シートAのスタートエリア内からスタートさせ，
直進後，ゴールエリア内に本体(センサ部を除く)がすべて入るよ
うに，停止させるプログラムを作成せよ(4分)。

□ロボットを課題シートBのスタートエリア内からスタートさせ，
直進後，中間エリア上を通過し，ゴールエリア内までロボットを
移動させ，停止させるプログラムを作成せよ。ただし，ロボット
が停止したとき，真上から見て，ゴールエリアから本体(センサ
部を除く)のはみ出している部分が10mm以内であればよい(5分)。

□課題シートC上の指定された場所に障害物を置く。ロボットをス
タートエリアからスタートさせ，タッチセンサが障害物に当たっ
たら方向転換し，シート上のスタートラインを本体すべてが通過
するプログラムを作成せよ(7分)。

□課題シートD上の指定された場所に障害物を置く。ロボットをス
タートエリアからスタートさせ，障害物に左タッチセンサが当た
ったら，障害物の右側を迂回してゴールラインを通過し，右タッ
チセンサが当たったら，障害物の左側を迂回してゴールラインを
通過するプログラムを作成せよ(10分)。

※条件：各自行う動作確認は，何度行ってもよい。3番目の課題
以降は，タッチセンサを利用したプログラムであることとする。

【課題2】

□用意された材料及び道具を用いて，次の第三角法による正投影図
で示された「小物入れ付き本立て」を製作せよ。

・作業時間はけがきを含め120分。

278

【組立図】

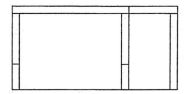

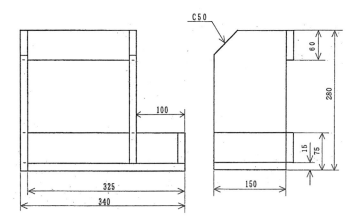

【材料表】

部品番号	部 品 名	仕上がり寸法（幅×長さ×板厚）　単位はmm	数量
①	本立て左側板	150×280×15	1
②	本立て右側板	150×265×15	1
③	底板	150×325×15	1
④	背板（上）	60×240×15	1
⑤	背板（下）	60×340×15	1
⑥	小物入れ右側板	60×150×15	1

【木取り図例】

《板材A》

《板材B》

| ④ 背板（上） | ⑤ 背板（下） | | ⑥小物入れ右側板 |

【条件】

①受験生に渡す材料

板材A	150×900×15	1枚
板材B	60×900×15	1枚
くぎ	N35	30本
木工ボンド		1個

②使用可能工具等

さしがね，直角定規，両刃のこぎり，平かんな，けずり台，四つ目ぎり，はたがね，げんのう，木づち，くぎ抜き，木工やすり，紙やすり

③その他

組立後，終了した者は作品に受験番号を記入し提出。

▼高校電気

【課題】

図は，フルカラーLEDを点滅させる回路である。次の手順で回路を
完成させよ。

□部品を基板にハンダ付けし，回路を組み立てて完成させよ。ただ
し，部品表で示した部品はすべて使うこと。

□ジャンパープラグJPを開放したとき，TP1とTP2間の抵抗値をVR
を調節することによって53kΩ±0.1kΩにせよ。

□電池を接続し，SW1，SW2を押すとフルカラーLED(青，緑)がそ
れぞれ点灯することを確認せよ。

□ジャンパープラグJPを短絡すると，フルカラーLED(赤)が点滅す
ることを確認せよ。

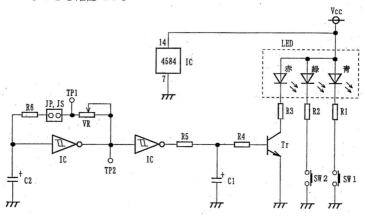

部 品 表

記 号	規 格
R1, R2, R3	1.5kΩ
R4	10kΩ
R5, R6	47kΩ
SW1, SW2	タクトスイッチ
VR	半固定抵抗器 (100kΩ)
IC	TC4584
Tr	2SC1815
LED	フルカラー LED
C1, C2	100μF
Vcc	電池（9 V）
TP1, TP2	テストピン
JP, JS	ジャンパープラグ，ソケット
	IC ソケット
	電池スナップ
	プラスチックスペーサ（ねじ付き）

抵抗 カラーコード（J I S）

色	数字	色	数字
黒	0	緑	5
茶	1	青	6
赤	2	紫	7
橙	3	灰	8
黄	4	白	9

Trのピン配置

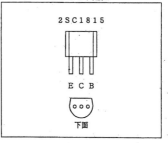

VRピン配置

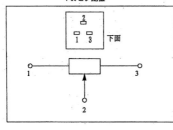

フルカラーLEDのピン配置

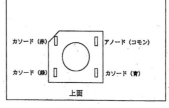

ICピン配置

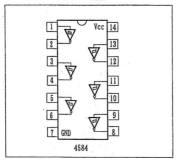

SWピン配置

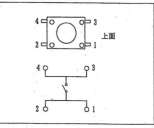

▼高校機械

【課題】

□与えられた部品の寸法をノギスとスケールで測定し，別紙に第三
角法で組立図および部品図をかけ。ただし，図面は原寸とし，寸
法を記入すること。また，ねじ部はねじの呼びM10とする。

※注意事項

・寸法数値は小数点以下を四捨五入すること。

・すみの丸みはR2とする。

・図面枠は不要，用紙の右上に受験番号を記入すること。

・投影図の数は必要最少限とする。

・全体の製図法は，製図に関する日本工業規格(JIS)によること。

2011年度

◆集団面接(1次試験)　面接官3人(うち1人はPTA)　受験者8～10人　約40
分

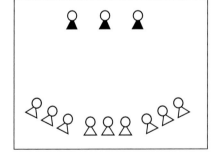

▼高校数学

※荷物を持って教室に入り，指定された場所に置く。受験番号と名
前を言い，その後は受験番号の若い順からA，B，…とアルファ
ベットで呼ばれる。

□志望動機(A，B，C…と順に答えるよう指示あり)

□数学が苦手な子がいるが，どうしてその子は苦手となったのか，解決策は必要ないので，その苦手となった原因を考えて回答しなさい(挙手制)。

□いじめのないクラスを作るにはどうしたらよいか，考えて回答しなさい(挙手制)。

□あなたは優しい先生と厳しい先生，どちらになりたいか。理由も述べなさい(I，H…と逆から順に答えるよう指示あり)。

・優しいと甘いの違いは。

□今年，残りの約半年間，どんなことをしたいか(挙手制)。

※面接官はいくつか質問を用意していて，その場で選んでいるというしぐさがあった。メモは結構取っていた。

▼中学国語　40分

□どんな教師になりたいか(挙手制)。

□何教育を重視するか(人権教育，キャリア教育など)。

□国語科の授業におけるグループ学習の意義は。

□何事にも「面倒くさい」という生徒に対する指導は。

※面接はオーソドックス。準備が万全ならば，戸惑うことはないと思われる。

▼小学校全科　面接官3人　受験者7人(グループによって異なる)　40分

□教育活動における経験(ボランティアなど)(挙手制)。

□新卒で最初の保護者会での保護者に対するあいさつ(挙手制)。

□確かな学力を身につけさせるのにどんな授業をするか(挙手制)。

※控え室で待機し，5分前に各教室に移動する。控え室では，「おはようございます。」と互いに声をかけ，良い雰囲気であった。圧迫面接ではなかった。

▼高校音楽　面接官3人　受験者9人　40分

　　□どんな授業を実施するか(挙手制)。

　　□音楽教師として地域とどのようにかかわっていくか(挙手制)。

▼高校保体　面接官3人　受験者10人　50分

　　□生徒の勤労意欲をはぐくむためにどのような取り組みをするか。

　　□部活動を持ったらどのようなことを教えたいか。

　　□最後に何かアピールすることがあれば。

◆実技試験(1次試験)

　▼高校音楽　試験官2人　7分

　　・聴音(旋律：8小節/和音：4小節)

　　・ピアノ初見演奏

　　・ハノンNo.39より当日指定

　　・新曲視唱

　　・弾き歌い(楽譜持参可)

　▼高校保体

　　※マット

　　　点呼→練習(1回)→試験

　　　・ロングマット1本で，好きな技3〜4つ

　　　ハードル走

　　　練習→試験

　　　・練習は3レーン，3台ずつ

　　　・スパイク使用可

　　　・土のグラウンド

　　　・練習がすんだものから試験(2人ずつ)

　　　・ハードルは8台(中学女子の高さ)，80m

　　　・タイムは測定している

　※柔道
　　点呼→試験
　　・前回り受け身(左右1回)
　　・得意技1つ(2回相手にかかり3回目で投げる)
　※バレーボール
　　・対人でオーバーハンドパス(その後直上から)
　　・対人でアンダーハンドパス(その後直上から)
　　・補助員からパスを，アンダーハンドパス→オーバーハンドパス
　　　→アタック(この過程を1人で行う)
　※最後の種目は3回練習の後に3回試験

◆個人面接(2次試験)　面接官4人　約25分(場面指導(構想1分+実演4分)＋
個人面接約20分)
　▼養護教諭
　　□卒業はできそうか。単位は足りているか。
　　□小中どちらでもやっていく自身はあるか。他の校種でもよいか。
　　□最近のニュースで気になるものは。
　　・(虐待と答えたのに対し)虐待されている子を見つけたらどのよう
　　　に対応するか。
　　□虐待を受けている疑いがある子が保健室に初めて来室したら，初
　　　めにどのような声かけをしたいか。
　　□勤務地の希望は。
　　□部活から得たものはなにか。教育にどう生かすか。
　　□どんな養護教諭になりたいか。
　　□最近の子どもに足りない栄養と体に足りない栄養はなにか。
　　□好きな色，好きな服のタイプ
　　□保護者や地域とどのように関わっていくか。

▼高校音楽
  □趣味について。
  □卒論について。
  □授業に必要な要素とそれをどう行うか。
  □理想の教師像は。
  □ボランティアの経験をしてどうだったか。
  □アルバイトをして役に立ったこと。
  □授業の必要性は。
  □どんな基準で評価をするか。
  □自分のどんなところが教師に向いていると思うか。
  □特別支援学校の採用となる場合もあるがよいか。

▼高校保体
  □生きる力とは。
  □生きる力を育むためにあなたは何ができるか。
  □体育が苦手な生徒に対してどのように対応するか。
  □体操着に着替えてこない生徒にどう指導するか。
  □保健の授業をどのように行うか。
  □転職の理由は。
  □自分の指導する選手を勝たせるためには。
  □運はよいほうか。
  □体罰をどう考えるか。
  □急に教室から廊下に空き缶が飛んできたらどうするか。
  □勤務場所の希望はあるか。

▼小学校全科
  □外国語活動はどのように指導するか。
  □魅力ある授業の条件は。
  □給料はいくらもらいたいか。
  □理想の先生は。

□民間人の試験官登用についてどう思うか。

※履歴書からの質問はほとんどなかった。試験中も試験官は履歴書をあまりみていなかったようなので，履歴書にない質問が来てもこたえられるよう，練習しておくのが良い。

◆場面指導

　▼小学校全科

　・面接官の1人が子ども役

　・場面指導終了後，指導内容に対する質問は一切なし

【テーマ】

　　自分のクラスでいじめについて話し合いをしている。いじめられているAくんが悪いと指摘する児童が多数。そのときどのような指導をするか。

　▼養護教諭

　　特定の先生の授業になると，気分不良を訴え保健室に来室する生徒への対応

　※場面指導では生徒(面接官)はなかなか思うとおりに反応してくれない。(「別に」や「わからない」などと言われた)。事前に場面指導の練習をする際には，そういった子を想定して練習すると本番でも上手く対応できると思われる。

◆集団討論(2次試験)　試験官4人　受験者11人　50分

　～全体の流れ～

　　荷物を持って教室に入り，荷物を指定された場所に置く→受験番号順にA～Jのアルファベットがふられ，以後それで呼ばれる→最初に司会者を一人決める。司会者にのみ鉛筆と紙が渡される→テーマの配布→討論開始(結論は出さなくて良い)→時間になり次第切られる。

▼高校音楽
　【テーマ】要望や苦情を言う保護者への対応について

▼養護教諭
　【テーマ】心に問題を抱える児童生徒への指導

▼高校保体
　【テーマ】コミュニケーション能力を高めるための指導について

◆適性検査(MMPI簡略版　383問)　60分

2010年度

◆集団面接(1次試験)
　面接官3人(保護者1人) 受験者5人　40分(質問5問，発言は1分以内)
　▼養護教諭
　・あなたが目指す養護教諭像は
　・何も用がないのに保健室に居座る子どもにどう指導するか
　・学級担任との連携で欠かせないことは
　・新型インフルエンザが流行した場合の対応は
　・心の病をもつ子どもへの対応は
　　※長く話すと途中で止められるので，1分以内で回答。

◆実技試験(1次試験)
　▼中・特(中)
　　美術

　▼中・高・特(中・高)

　　　音楽，保健体育

◆集団討論(2次試験)

　　面接官4人　受験者8〜12人　50分　司会者あり，挙手制

　　　テーマ例「児童生徒に自立を促すためには，どのような指導をします
　　　か」

◆個人面接＋場面指導(2次試験)

　　面接官4人(教育委員会関係者1人，行政関係者1人，民間人1人を含む)
　　25分(場面指導2分，構想は別に1分)

　　　個人面接テーマ例「大学の卒業論文のテーマは何ですか」

　　　場面指導テーマ例「授業参観の時，『児童が勝手に発言し，うるさ
　　　くて授業になっていない』と保護者からクレームがありました。
　　　その後の保護者会で，どのように対応しますか」

◆実技試験(2次試験)

　　▼小学校・特別支援(小)

　　　水泳，体育，音楽

　　▼中学校・特別支援(中)

　　　技術

　　▼中学校・高校・特別支援(中・高)

　　　家庭，英語：①質疑応答，②スピーチ

　　▼高校・特別支援(高)

　　　電気，機械

　　▼特別支援

　　　①特別支援教育に関する指導計画等の作成60分　②質疑応答10分

2009年度

◆集団面接(1次試験)　面接官3人　受験者8人　40分（質問4問，発言は1分以内）

例1：中学校家庭科

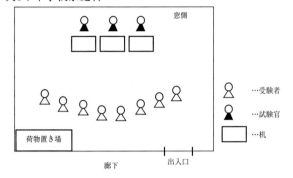

・志望動機

・生徒が「授業がわからない」と言ってきたらどうしますか？

・最近の教員は優しい方が多いように見受けられているのですが，あなたは生徒をしかることができますか。

・教員の資質を磨くために行っていることなどありますか？

例2：高等学校英語(受験者8〜10人，面接官3人，30分程度)

質問内容

　①志望動機(アルファベット順に指名される。他は挙手制)

　②わかる授業をする上でどんな工夫をするか。

　③喫煙している生徒への指導

　④留学生のホストファミリーにどんな話をするか(生徒と接する上での留意点)

　※答えは1分程度でまとめるよう指示される。

◆集団討論(2次試験)　面接官5人　受験者8〜10人　50分　司会者あり
　テーマ例「児童生徒の人間関係づくりについて」

◆個人面接＋場面指導(2次試験)　面接官4人　25分（場面指導3分，構想
　は別に1分）
　個人面接テーマ例「道徳が楽しく学べるようにするにはどうしたらよ
　　いか」
　場面指導テーマ例「不登校の生徒への対応と保護者への対応」
　※実技として，［特］①特別支援教育に関する指導計画等の作成60分
　　②質疑応答10分
　例1：小学校
　　ロールプレイング(考える時間1分，実施2分)
　　・授業参観でADHDのA君がさわいだ。その後の保護者会で，A君
　　　を特学へ移すようにとクレームが出た。A君の親はいないものと
　　　して，担任としての考えを話しなさい。

　　▼集団討論(受験者10人，面接官4人，50分)
　　・児童生徒の人間関係について
　　▼個人面接(面接官4人，25分)
　　・挫折体験について。どう立ち直ったか。
　　・子どもにキライと言われたらどうするか。
　　・40人すべての子どもの個性を把握することができるか。
　　・40人すべての子どもが興味をもてる授業ができるか。
　　・子どもが好きというだけでは教師はつとまらないと私は思う。君
　　　はどう思うか。
　　・中学と併願していないが，もし，小学校でなく中学校での採用と
　　　なったらどうする。
　　・やったことのないこと(教科・部活など)をやるよう校長に言われ
　　　たらどうする。

・交友関係について(どういうタイプの友人か，どんなつきあいか，友人からどう思われているか)
・リーダーシップをとった経験はあるか。
・臨採の経験について
・特別支援の経験について

例2：中学校理科(面接官4人，25分)
・2次にあたって，どんな準備をしてきたか？
・最近気になったニュースは？
・理科でどんな力が身につくと思うか？
・理科で面白い授業にするには？
・道徳が楽しく学べるようにするには？
・ある生徒が，ある日突然茶髪&ピアスをしてきました。どんな指導をするか？
・緊張しないためにしていることは？
・このような面接は，しっかり準備する派？本番のノリ派？
・今と昔で，教育現場で最も変わったことは何だと思うか？
・教職以外になろうと思った職はあるか？

▼ロールプレイング
(1分間考えて，3分以内に行う)
・不登校の生徒への対応と，保護者への対応

▼集団討論
(受験者7～12人くらい。受験者の中から司会を決める。50分)
・児童生徒の人間関係づくりについて

例3：高等学校公民
▼個人面接(面接官4人，25分)
・履歴書の確認など(前職，講師経験，民間経験，他教科免許，志望動機など)

・地理・歴史・公民科という教科について，保護者や生徒にどう説明するか。

・授業を展開する中で，心掛けていることは何か。

・民間経験があるようだが，そこで学んだことは何か。

・講師をした経験のなかで，難しかったことは何か。

・講師と教諭の違いは何か。

・他県で講師をしているようだが，なぜ，栃木県を志望したのか。

・公立と私立での講師経験があるようだが，公立と私立の違いはなにか。

・女子生徒への生徒指導で心掛けていることは何か。

▼集団討論(受験者8〜10人，面接官5人，50分)

※司会者は，受験生からの希望制

テーマ・教師の指導力の向上について

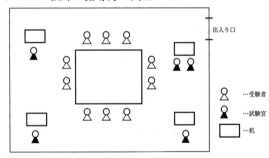

2008年度

◆集団面接

【1次/校種不明】(面接官3名　時間40分)

・受験番号・名前(全員が言ってから座る)

・なぜ教師になりたいのか。(ここから挙手制。一分以内に意見をまとめる)

・生徒に何を教えていきたいか。

・学校生活(いままで)で一番頑張ってきたことは。

・部活以外で力を入れてきたことは。

・心の教育をどうおこなうか。

【1次/養護教諭】(面接官3名　時間40分)

・どのような養護教諭をめざすか。

・人間関係について。(児童生徒，保護者，他の教職員など，様々な人間関係があるが，それらを築く上で，心がけること)

・家庭の教育力低下が叫ばれているなか，朝食を摂らない児童生徒が増えている。児童・生徒およびその保護者に対して，どのような指導を行うのか。

◆個人面接

【2次/校種不明】(面接官4名　時間25分)

・緊張していますか。

・試験を待っている間，何を考えていましたか。

・なぜ教師になりたいのですか。

・部活動以外の趣味は。

・部活から学んだことは。

・部活を持ったらどんなことを教えていきたい。

・ボランティアから学んだことは。

・体育や部活において，運動の苦手な子，または得意な子に対してどう指導していくか。

・総合的な学習の時間について，どう考えているか。

・教員になるために，日々行っていることは。

・勤務地は栃木のどこでもいいですか。

・特別支援学校でもいいですか。

【2次/高校(地理)】(面接官4名　時間20分)

・自分の長所と短所(自己紹介のつもりで)

・地理という科目について，保護者や生徒にどう説明するか。

・教育現場で心がけていることは何か。(実体験についても)

・あなたが経験した社会活動について。(学校現場でも，ボランティアでも)

・講師をした経験がない中で，難しかったことは何か。

・講師と教諭の違いは何か。

・なぜ，栃木県を受験したのか。また，他県の採用試験は受けたのか。

・他県と栃木県の講師生活を通じて，栃木県の学校に足りない部分，栃木県の学校の良い部分は何か。

【2次/養護教諭】(面接官4名　時間25分)

・履歴・職歴についての確認および質問。

・小3対象に，朝食の大切さについて保健指導。(考える時間も含めて3分程度)

・養護教諭として一番大切な事は，何だと思うか。

・保健室や養護教諭の役割が，重要視されるようになったのはなぜだと思うか。(答えに対して)実際にそのように思う事例はあったか。1つ紹介せよ。

・苦しいときや挫折したとき，どのように対処しているか。

・体罰について，どのように考えているか。

・最近話題になっている「朝青龍問題」についての見解と，あなたが責任者の立場だったら，みなが納得するように解決するにはどのようにしたら良いか。

・(既婚，子どもがいるので)仕事と子育ての両立は大丈夫か。夫の理解は得られているのか。

◆集団討論

【2次/校種不明】

テーマ：命の大切さについての指導のあり方について。

・討論についての説明が5分程度。結論は出さなくて良い。

・討論に入る前に司会者を決める。(挙手にて)

・50分間の自由討論。

・50分経過すると意見中でもきられる。

【2次/養護教諭】(面接官4名　時間50分)

テーマ：心身の健全な発達のための援助について(保健室登校など，さまざまな問題を抱えた生徒が保健室を訪れるようになり，養護教育に求められる役割は増えつつある。このようななかで，心身の健全な発達のためにどのように援助していくのか。)

・討論はみんなでいろいろな意見を出し合うことを目的とする。

・なるべく前の人の意見を受けたり，関連づけたりするような発言のしかたをすること。

【2次/高校(地理)】(面接官4名　時間50分)

テーマ：「確かな学力」の育成について。

◆実技試験

【2次/校種不明】

・陸上(面接官3～4名)…80mハードル

ハードル数8台・スターティングブロックなし(クラウチングスタート)・学校の校庭(砂土)・ハードルの高さは，上前腸骨棘から手のひらひとつ下の高さ・1分程度の練習時間あり。

・バスケットボール(面接官3名)…右サイドラインからドリブル(ドリブルチェンジをする)していき，右レイアップシュート(左右行う)・得意なシュート2本を連続して行う。

・柔道(面接官2名)…2人組みで行う・練習なし・前回り受身左右1回ずつ・指定技(体落とし)・得意技(背負い投げ，大腰，払い腰)いずれか1つ

・マット運動(面接官2名)…3～5種目の連続技を自由に行う(参考：膝伸前転～飛び込み前転～倒立前転～ロンダート～ハンドスプリング)

◆適性検査

  MMPI　（60分）

┌─────────────────────┐
│ **2007年度** │
└─────────────────────┘

◆集団面接／1次／小学校

（面接官3名，受験者10名）

  ○生きる力の3点（確かな学力，豊かな心，健康・体力）のうち，特に自分が小学校6年間を通じて子どもたちに教えたいことをひとつ選んで，学校でどう教えていくか答えよ。

  ○4月に担任を持ち，初めての保護者会。あなたはどのように自己紹介をしますか？

  ○自分の趣味・特技など，学校現場に活かせるものを，自己アピールを含めアツク語って下さい。

  ○食育をふまえて，きらいなものをどうやって食べさせるのかの指導はどうするか。

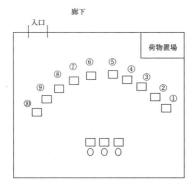

  ・面接官のうち1人は，保護者の方らしい。

  ・クールビズとのことで，ジャケットは脱いでも良いといわれた。面接官はワイシャツ，ノーネクタイ。

298

◆集団面接／1次／中学校数学
（面接官3名，受験者9名，時間40分）
○受験番号と名前を述べ着席。（番号順）
○学力向上をどのようにして行うか。（挙手制）
○新人教師として，クラスを受け持ったとき，保護者への挨拶をどの
　ようにするか。（挙手制）
○志望動機（挙手制）
○食の大切さをどのように教えるか。（挙手制）

◆集団面接／1次／特殊教育中学国語
（面接官3名，受験者（A～K）11名，時間約40分）
○趣味・特技を教えてください。（番号順）
○特別支援教育についてどう考えますか。（挙手制）
○家庭教育についてどう考えるか。（挙手制）
○採用されたらどのような教師になりたいですか。（挙手制）

◆集団面接／1次／盲・聾・養護学校（小学部）
（面接官3名，受験者8名，時間30分）
○あなたの趣味・特技は何ですか。（番号順）
○特別支援教育に携わるに当たっての抱負を述べてください。（挙手
　制）
○保護者とどうコミュニケーションをとっていきますか。（挙手制）
○教員としての資質を高めるためにあなたがしていること，学生の場
　合はしていきたいことは何ですか。（挙手制）
○言い残したことや取り消したいことがあれば述べてください。

◆集団面接／1次／高校理科

（面接官3名，受験者9名，時間約40分）

○趣味または特技はなんですか。（番号順）

○理科離れが叫ばれているが，どのようにくい止めているか。（挙手制）

○教師の言うことを聞かない生徒に対して指導するときのポイントを一つか二つ示してください。（挙手制）

○進学校の部活の顧問をすることになりました。保護者に対して，どのように指導方針を説明するか。（挙手制）

○言い残したことやつけ足したいことないか。

◆実技／1次

［中学校及び盲聾養護学校（中学部）音楽，美術］

［中学校，高等学校及び盲聾養護学校（中学部，高等部）保健体育］

○音楽　聴音（新曲聴音）　ピアノ実技（ハノン　No.39　新曲視奏）視唱（新曲視唱）　引き歌い（中学校教材）

○美術　スチレンボードによるランプシェードの製作と素描（試験時間4時間）

○保健体育　・陸上競技（80mハードル）　・器械運動（マット運動）・球技（バレーボール，バスケットボール，サッカーの中から1種目）　・武道またはダンス（柔道，剣道，ダンスの中から1種目）

◆実技／1次

〈小学校，特殊（小）〉

○体育　・水泳（25m，泳法自由）　・マット運動（好きな技4つ組み合わせる）　・跳び箱（女子6段，男子8段，開脚跳び）

○音楽　・オルガン弾き歌い　・「夕やけこやけ」　・「もみじ」・「こいのぼり」

〈中学校，特殊（中）〉

　　○家庭・技術　・パソコンの専門的操作

〈中・高・特殊（中・高）〉

　　○英語　・質疑応答，スピーチ

〈高・特殊（高）〉

　　・電気　・機械　・商業

〈特殊〉

　　○障害児教育に関する指導計画等の作成（60分），質疑応答（10分）

2006年度

◆集団面接／1次／小学校

〈実施方法〉受験者10名，面接官2名，40分間

○自分の趣味・特技と，それを教育にどう生かせるかを1分程度にまとめてひとりずつ発表する。

○小学校5年生の女の子が夏休み明けに髪を黄色に染め，ピアスをして登校してきました。そのときどう指導しますか。（挙手制）

○学力低下が言われていますが，学力を高めるためにあなたはどのような指導をしたいと思いますか。学力にもいろいろな意見があると思いますが，あなたなりの意見を述べてください。（挙手制）

◆集団面接／1次／中学校

〈実施方法〉受験者10名，面接官2名，40分間

○あなたの趣味・特技は教員になったらどう生かせるか。

○生きる力とはどういうことか，どう教育するか。

○分かりやすい授業とはどのようなものか。

○部活動の意義。

○あなたの理想の教師像は。

○担任になったクラスの生徒が茶髪，ピアスをしてきたらどうするか。

◆集団面接／1次／高等学校国語
　〈実施方法〉受験者11名，面接官2名，40分間。「答える際は，1分以内
　　で簡潔に述べてください」との指示がある。
　○教育に生かせる趣味・特技を述べてください。
　○「わかる授業」とはどのような授業だと思いますか。
　○授業中に大声をあげたり，出歩いたりする生徒に対し，どのように
　　指導しますか。
　○最近，教員の資質が問われていますが，教員に必要とされる資質は
　　どのようなことだと思いますか。

◆集団面接／1次／高等学校英語
　〈実施方法〉受験者10名，面接官2名，40分間
　　○教員になりたい理由（受験番号順）
　　○英語の成績が伸びない生徒にどう指導するか。（以下挙手制）
　　○家庭での教育の役割とは。
　　○茶髪やピアスなどをしている生徒をどう指導するか。
　（最後に他の人の意見を聞いた上で，意見や付け足しがあれば言う。）

◆集団面接／1次／高等学校理科
　○学校に行きたくない子どもにどう対応しますか。
　○栃木の"3あい運動"についてどう思うか。
　○学力とは何か。

◆集団討論／2次／中学校数学
〈実施方法〉受験者12名，面接官4名，60分間
○規範意識を尊重させるにはどういった教育を行うか。

◆集団討論／2次／中学校理科
〈実施方法〉受験者12名，60分間。2つのテーマで司会者を決めて討論。
○児童生徒一人ひとりの個性をのばす学習指導の在り方について
○規範意識を尊重する教育について

◆個人面接／2次／中学校数学
〈実施方法〉面接官4名，25分間
○残りわずかになったが大学生活はどうか。
○（ロールプレイング）文化祭の出し物であなたのクラスでは大縄飛びを行うことになった。しかしAさんという生徒が何度も引っかかってしまい，記録が伸ばせない。あなたならどうするか。ここを校庭だと思って行いなさい。
○実習は高校に行ったようですが，なぜ中学を志望したか。
○老人ホームでピアノ演奏をしたという経験から，あなたは何を学んだか。
○不登校の原因は。その対策は。
○志望動機。
○理想の教師は。
○心の教育や思いやりの心はどのように育てるか。
○もしあなたの学校があったら，どのようなことを売りにしていくか。
○PTAとトラブルになった時はどうするか。
○あなたは積極的な方ですか，それとも追随していく方ですか。

◆個人面接／2次／中学校理科

〈実施方法〉面接官4名，25分間

○（ロールプレイング）A君はいつも宿題を忘れてきます。たびたび注意をしているのですが，最近は「どうせバカだから」とふてくされています。A君が宿題をやってくるように説得してください。（1分で考えてから演技をする）

○Q　分かる授業とはどのような授業ですか。

　A　生徒の興味を引きつける教材を工夫する

　Q　興味を向上させることで学力は向上すると思いますか。

2005年度

◆集団面接／中学家庭

（面接官2人，受験生7人，時間40分）

○在学中あるいは卒業後，教育に生かせるボランティアをしたか。又は，したことのない場合は，どういうものをやってみたいか

○学校に，茶髪やピアスなどをしてくる生徒（女子中学生）にどう対処するか

○茶髪やピアスについて，指導したら反抗されたらどうするか

　※質問後，30秒間考える時間あり。挙手制。

◆集団面接／中学英語

（面接官2人，受験生10人，時間40分）

○長所，強みを1分程度で

○情報教育についてどう指導するか

○心の教育とはどのようなものか

2004年度

◆集団面接／小学校／1次
〈実施方法〉
受験者10名，面接官2名，約40分間

◆実技／2次
○水泳(25m，泳法自由)
○基本的な運動技能に関する実技
　(種目当日指定)
○音楽実技
　指定曲「冬げしき」「茶つみ」「かくれんぼ」
　弾き歌い

◆集団面接／1次
〈実施方法〉
受験者70名，面接官2名，約40分間
〈質問内容〉
試験官の質問に対し，挙手で答える。1人1分以内で発言する受験者は番号の若い順から端の机へ座り，1〜10の番号で呼ばれ付けたしがある場合は，何度挙手をして発言してもよい。
○近年，生涯教育ということが言われているが，あなたは生涯教育についてどう思うか。意見を述べなさい。
○ゆとり教育が，学校において行われているが，その一方で学力低下の問題もでてきている。そのような中で，子どもに「確かな学力」をつけさせるためにはどのような教育を行うべきか。あなたならどうするか具体的に述べよ。

◆集団面接／小全／1次

〈実施方法〉

約45分間

○受験番号，氏名，現在講師をしていたら学校名，趣味を簡単に(個人)

○グループ学習で伸ばせる力は何か(個人)。

どんな配慮をしながら，学習に取り入れていくか。この後は(討論)

○現在，少年の犯罪など悲しい報道が多く，心の教育が重要視されているが，学級活動において，どのような指導をするか，個人への指導とクラス全体への指導の違いをはっきりさせて答える。

○前日，ひどく叱った子どもが，登校指導をしていたらやって来た。あなたなら，どんな対応をするか。ジェスチャーを交じえて，やってみる。

○秋田県の良い点，悪い点を挙げ，それを踏まえて，子どもたちをどう育てていくか，簡潔に答える(個人)。

○具体的内容…Gさんが全員の受験票を回収し，その後で全員が着席。欠席したBさんとDさんの席は詰めないで，空けたままで着席するよう指示があった。

まず初めに受験番号と名前，こういうふうな教師になりたいというPRをし，その後の流れは前述の「質問項目」に書いた通りの流れで進められた。募集要項には「面接」と書かれていたが，実際には集団討論も行われた。

◆実技試験／中学英語／1次

〈実施方法〉

受験者4名，面接官2名，15分間

○具体的内容…英会話[①〜③はウォーミングアップのための質問]

入室時の「失礼します」と退室時の「失礼しました」以外は全て英語で会話。①番号と名前　②前日の筆記試験はどうだったか　③今

どんな気持ちか　④なぜ英語の教師になりたいのか　⑤実際に英語
を教えるときに私たち(英語の教師)がしなければいけないことは何
か。

◆集団討論／1次
〈実施方法〉
受験者5名，面接官3名，約45分間
〈質問内容〉
○総合的な学習の時間を，どんなテーマでやってみたいか。また，そ
　の理由。
　(この質問の後，全員から出された考えをもとに自由に話し合うよ
　うに指示がある。)
○学校でタバコを吸っている男子学生を見かけたら，あなたはどうす
　るか。
○教師という職業を，他の言葉に置きかえると，どう表現できるか。
所要時間…全体を通して45分

◆集団面接／1次
〈実施方法〉
受験者12名，面接官2名，約30分間
〈質問内容〉
○理想の教師像
○「生きる力」とは？
○今の高校生の長所・短所
○「総合的な学習の時間」の指導のあり方
○茶髪，ピアスなどしている生徒をどう指導するか

◆集団面接／高校英語／1次

〈実施方法〉

受験者11名，面接官2名，約40分間

○受験番号と名前を言う。

○生きる力とは何か

○体罰についてどう考えるか

○教師に必要な資質は何か

○総合的な学習の時間をどう活用するか

◆実技試験／中学音楽／1次

実施内容など

○全体ホールにて，聴音(旋律，和声12小節)

○視唱＆コールユーブーゲンから(指揮をつけて)－5分

○ハノン39から，視奏－5分

○中学校教材から1曲当日指定(弾きうたい)－5分

◆集団面接／中学英語／1次

〈実施方法〉

受験者10名，面接官2名，約40分間

〈質問内容〉

○生涯学習について，学校がどのように取りくんでいくべきか，生涯
　学習とは，どのようなものであると考えるかについてご意見をおき
　かせ下さい。

　(1通り意見を述べたあとに)→つけ加えることがあれば……挙手にて
　(2名)

○学力低下について，音楽という立場でどのように取り組んでいくか，
　自分の考えをおきかせ下さい。

　机があり，A～Kまでの名札があった。

※考えがまとまった人から手をあげて，面接官にさされた人から発言した。受験番号の早い人からAさん～Kさんまで記号で呼ばれる。1番初めに，受験番号と名前を1人ずつ発言した。

◆集団面接／1次

〈実施方法〉

受験者11名，面接官2名，約40分間

〈質問内容〉

①　生徒と保護者に信頼を得るためにはどうすればよいか。

②　理想の教師像とは？

③　①で聞いたことでコミュニケーションというものが出たが，保護者と話すとき留意する点は何か。

④　同僚の先生と意見がくいちがったときにどうするか。

◆集団面接／小全／1次

〈実施方法〉

受験者9名，面接官2名，約40分間

〈質問内容〉

廊下にて，受験者の確認が行われ，その後，まとめて9人入室する。1～9番まで番号を指定され，自分の番号のはってある机に座る。

○最初に一人ずつ，志望理由を1番から答える。

○家庭や地域での教育力が低下してきていると言われるが，あなたはどう思うか〔全員発表する時間がなく，途中でうちきられた〕

(意見がまとまった順に挙手)

○保健室に，子どもが，"○○先生は大嫌いで，やだ"と言ってきた。その時，どう対応するか。(挙手)

◆実技試験／小全／1次

〈内容〉

音楽　バイエル75～100番より一曲選択。(演奏前にピアノ以外に得意
　　な楽器を申告)曲番は当日に申告する。バイエルと同程度以上の曲
　　でも可。

体育　女子は集団行動→マット→水泳の順

男子は水泳→集団行動→マットの順

集団　6人1組，最後尾の人「気をつけ→前へ進め→全体止まれ→右向
　　け右→右へならえ→なおれ→休め→気をつけ→礼→腰をおろせ」の
　　号令

マット　側転→開脚前転→前転→12ひねり→伸しつ後転

切りかえの時はなるべく足をつかないよう指示あり

水泳　前半，平泳ぎ→後半，クロールで25M，飛びこみなし

◆実技試験／2次

パソコン実技

入退場含めて20分間

①　文章入力10問(漢字，英字，カタカナなど様々なものを含む)

②　表計算(合計，平均，最大値，最小値)

【グラフが作成されていて，ぬけている所をうめる形式】

①，②の前に2分間，メモ帳で手ならしができる。

◆個人面接

〈実施方法〉

面接官4名，約25分間

〈集団討論〉

司会者を立候補で2人決める

「個性を生かす教育について」(30分間)

「道徳心を育てる教育について」(30分間)
それぞれ司会者をかえて自由に討論
〈個人面接〉
○集団討論後，何をしていたか
○ロールプレイング「担任教師とうまくいっていない生徒が保健室に
　来て，訴えてきた時の対応」面接官を生徒だと思って，対応する。
○ストレス解消法
○大学生活で得たこと
○自分の性格について

2003年度

◆個人面接
　・なぜ教師になろうと思うのか。
　・卒論について
　・体罰についてどう思うか
　・長所・短所について
　（20分　面接官4人）

◆集団面接・集団討論
　・わかる授業をするために教師としてどのように取り組むか。
　・新任のあなたが受け持ったクラスの保護者会で，「うちのクラスの
　　担任の先生は，新任で，なんだか頼りないわ，不安だわ。」という
　　声を耳にしました。あなたはそんな心配を持つ保護者に対して，小
　　学校新任の教師に必要な資質は何だと思いますか。
　・分数の引き算をクラス全員に理解させたい。あなたはどのような方
　　法をとるか。（小全40分　面接官2人受験者10人）
考えのまとまった人から挙手をして答える。

・小・中ではどちらが向いていると思うか。理由も。

・保護者から「うちの子がいじめに遭っている」と電話があった。どう対応するか。

・どんな教師になりたいか。

・家庭科のよい点をアピールしてください。(中学家庭科　40分　面接官2人　受験者8人)

・合唱コンクールが近いのにクラスがまとまらない。あなたは担任としてどうすべきか。

・学級内でいじめが発生していると生徒から聞いた。いじめられている本人に聞くと,「いじめられていない」という。これについてどう対処していくか。

・中学校の国語の教師としてどんな素質が必要か。(中学国語　40分　面接官2人　受験者9人)

・生徒との信頼関係を築くにはどうすればよいか。

・朝, 生徒の登校時に挨拶指導のため, 校門にいたところ髪を染めてきた生徒に出会った。その生徒に注意したら,「先生にだって髪を染めている人がいるじゃないか」と言われた。あなたならこの生徒にどのように声をかけ指導するか。どんな英語の授業をしたいか(中学英語　40分　面接官2人　受験者8人)

・生徒の親が「うちの子は朝早く部活へ行き, 夜も部活で遅くに帰ってくるんです。その後疲れ果てて勉強もせず寝てしまいます。」さて, どうしたらよいでしょう。　　(中学社会　40分　面接官2人　受験者9人)

・面接官2人を, 障害児を持つ親と考えて, その親が養護学校より健常児と共に学べる学校へ進学させたいと思っている。その親に養護学校には, こんないい所があるから・・・とすすめ, 養護学校に入ってもらうようにするために, 親に話しなさい。

・養護学校は, 障害児の教育という点で普通学校の授業とは少々異なるが, そこで気をつけなければならないことは何か。

・これからの教育者としての資質で必要なもの2つを上げ, それに対

してあなたが心がけている事は何か。
・教員以外の職に就くとしたらあなたはどのような特技がいかせるか。
・最初から教員を目指す人は視野が狭いと一般的に言われているがそれに対してどのように思うか。
・今の10代に欠けていることは何か。それに対してどのよう教育サポートするか。（高校地歴　40分　面接官2人　受験者12人）
・理想の教師像とは？それを実現するにはどうするか。
・物理はとっつきにくい科目だが，生徒に学習意欲を起こさせるにはどうするか。
・茶髪・ピアス・校則違反を繰り返す生徒にどう指導するか。
・教師に求められる資質とは。
・わかる授業とは。
・高校3年間で学ぶ中でもっとも重要なことは何か。
・学習意欲が低下している生徒をやる気にさせるにはどうしたらよいか。
・あなたが目指す教師像を一言で表すとどんなスローガンになるか。（高校公民）
・週5日制についてどう考えるか。
・専門の教科（国語）の必要性について（高校国語　40分　面接官2人　受験者12人）

◆適性検査
・MMPI　（60分）

313

第3部

面接試験対策

面接試験の概略

■■ 面接試験で何を評価するか————

　近年，「人物重視」を掲げた教員採用候補者選考試験において，最も重視されているのが「面接試験」である。このことは，我が国の教育の在り方として，アクティブラーニングの実施，カリキュラム・マネジメントの確立，社会に開かれた教育課程の実現等，次々と新しい試みが始まっているため，学校教育の場においては，新しい人材を求めているからである。

　ところが，一方で，現在，学校教育においては，様々な課題を抱えていることも事実であり，その例として，いじめ，不登校，校内暴力，無気力，高校中退，薬物乱用などがあり，その対応としても，多くの人々による意見もあり，文部科学省をはじめとする教育行政機関や民間機関としてもフリースクールなどで対応しているが，的確な解決策とはなっていない状況にある。このことに関して，その根底には，家庭や地域の教育力の低下，人間関係の希薄化，子供の早熟化傾向，過度の学歴社会及び教員の力量低下等，正に，様々な要因が指摘されている。したがって，これらの問題は，学校のみならず，家庭を含めた地域社会全体で，対応しなければならない課題でもある。

　しかし，何といっても学校教育の場においては，教員一人一人の力量が期待され，現実に，ある程度までのことは，個々の教員の努力で解決できた例もあるのである。したがって，当面する課題に適切に対応でき，諸課題を解決しようとの情熱や能力が不可欠であり，それらは知識のみの試験では判断できかねるので，面接によることが重視されているのである。

①人物の総合的な評価

　面接試験の主たるねらいは，質問に対する応答の態度や表情及び言葉遣いなどから，教員としての適性を判定するとともに，応答の

内容から受験者に関する情報を得ようとすることにある。これは総合的な人物評価といわれている。

　そのねらいを十分にわきまえることは当然として，次にあげることについても自覚しておくことが大切である。

〇明確な意思表示

〇予想される質問への対応

〇自らの生活信条の明確化

〇学習指導要領の理解

〇明確な用語での表現

②応答の基本

　面接試験では，面接官の質問に応答するが，その応答に際して，心得ておくべきことがある。よく技巧を凝らすことに腐心する受験者もいるようであるが，かえって，紋切り型になったり，理屈っぽくなったりして，面接官にはよい心象を与えないものである。そこで，このようなことを避けるため，少なくとも，次のことは意識しておくとよい。

〇自分そのものの表現

　　これまで学習してきたことを，要領よく，しかも的確さを意識し過ぎ，理詰めで完全な答えを発しようとするよりも，学習や体験で得られた認識を，教職経験者は，経験者らしく，学生は，学生らしく，さっぱりと表現することをすすめる。このことは，応答内容の適切さということのみならず，教員としての適性に関しても，面接官によい印象を与えるものである。

〇誠心誠意の発声

　　当然のことであるが，面接官と受験者とでは，その年齢差は大変に大きく，しかも，面接官の経歴も教職であるため，その経験の差は，正に雲泥の差といえるものである。したがって，無理して，大人びた態度や分別があることを強調するような態度をとることは好まれず，むしろ謙虚で，しかも若々しく，ひたむきに自らの人生を確かなものにしようとする態度での応答が，好感を持

たれるものである。

③性格や性向の判別

組織の一員としての教員は，それぞれの生き方に共通性が必要であり，しかも情緒が安定していなければならない。そのため，性格的にも片寄っていたり，物事にとらわれ過ぎたり，さらには，協調性がなかったり，自己顕示欲が強すぎたりする人物は敬遠されるものである。そこで，面接官は，このことに非常に気を遣い，より的確に査定しようとしているものなのである。

そのため，友人関係，人生観，実際の生き方，社会の見方，さらには自らに最も影響を与えた家庭教育の状況などに言及した発問もあるはずであるが，この生育歴を知ろうとすることは，受験者をよりよく理解したいためと受け取ることである。

④動機・意欲等の確認

教員採用候補者選考を受験しているのであるから，受験者は，当然，教職への情熱を有していると思われる。しかし，面接官は，そのことをあえて問うので，それだけに，意志を強固にしておくことである。

○認識の的確さ

教員という職に就こうとする意志の強さを口先だけではなく，次のようなことで確認しようとしているのである。

ア　教員の仕事をよく理解している。

イ　公務員としての服務規程を的確に把握している。

ウ　立派な教員像をしっかり捉えている。

少なくとも上の3つは，自問自答しておくことであり，法的根拠が必要なものもあるため，条文を確認しておくことである。

○決意の表明

教員になろうとの固い決意の表明である。したがって単に就職の機会があったとか，教員に対する憧れのみというのは問題外であり，教員としての重責を全うすることに対する情熱を，心の底から表現することである。

　以上が，面接試験の最も基本的な目的であり，面接官はこれにそってさまざまな問題を用意することになるが，さらに次の諸点にも，面接官の観察の目が光っていることを忘れてはならない。

⑤質疑応答によって知識教養の程度を知る

　筆記試験によって，すでに一応の知識教養は確認してあるわけだが，面接試験においてはさらに付加質問を次々と行うことができ，その応答過程と内容から，受験者の知識教養の程度をより正確に判断しようとする。

⑥言語能力や頭脳の回転の早さの観察

　言語による応答のなかで，相手方の意思の理解，自分の意思の伝達のスピードと要領のよさなど，受験者の頭脳の回転の早さや言語表現の諸能力を観察する。

⑦思想・人生観などを知る

　これも論文・作文試験等によって知ることは可能だが，面接試験によりさらに詳しく聞いていくことができる。

⑧協調性・指導性などの社会的性格を知る

　前述した面接試験の種類のうち，グループ・ディスカッションなどはこれを知るために考え出されたもので，特に多数の児童・生徒を指導する教師という職業の場合，これらの資質を知ることは面接試験の大きな目的の1つとなる。

■■ 直前の準備対策

　以上からわかるように，面接試験はその人物そのものをあらゆる方向から評価判定しようとするものである。例えば，ある質問に対して答えられなかった場合，筆記試験では当然ゼロの評価となるが，面接試験では，勉強不足を素直に認め今後努力する姿勢をみせれば，ある程度の評価も得られる。だが，このような応答の姿勢も単なるポーズであれば，すぐに面接官に見破られてしまうし，かえってマイナスの評価ともなる。したがって，面接試験の準備については，筆記試験のように参考書を基礎にして短時間に修練というふうにはいかない。日

頃から,

> (1)　対話の技術・面接の技術を身につけること
> (2)　敬語の使い方・国語の常識を身につけること
> (3)　一般常識を身につけて人格を磨き上げること

が肝要だ。しかし,これらは一朝一夕では身につくものではないから,
面接の際のチェックポイントだけ挙げておきたい。

(1)　対話の技術・面接の技術

　〇対話の技術

　　①言うべきことを整理し,順序だてて述べる。

　　②自分の言っていることを卑下せず,自信に満ちた言い方をする。

　　③言葉に抑揚をつけ,活気に満ちた言い方をする。

　　④言葉の語尾まではっきり言う練習をする。

　　⑤短い話,長い話を言い分けられるようにする。

　〇面接技術

　　①緊張して固くなりすぎない。

　　②相手の顔色をうかがったり,おどおどと視線をそらさない。

　　③相手の話の真意をとり違えない。

　　④相手の話を途中でさえぎらない。

　　⑤姿勢を正しくし,礼儀を守る。

(2)　敬語の使い方・国語常識の習得

　〇敬語の使い方

　　①自分を指す言葉は「わたくし」を標準にし,「僕・俺・自分」
　　　など学生同士が通常用いる一人称は用いない。

　　②身内の者を指す場合は敬称を用いない。

　　③第三者に対しては「さん」を用い,「様・氏」という言い方は
　　　しない。

　　④「お」や「ご」の使い方に注意する。

　〇国語常識の習得

　　①慣用語句の正しい用法。

　②教育関係においてよく使用される言葉の習得

　さて本題に入ろう。面接試験1カ月前程度を想定して述べれば，その主要な準備は次のようなことである。

　○直前の準備

　　①受験都道府県の現状の研究

　　　　受験する都道府県の教育界の現状は言うに及ばず，政治・経済面についても研究しておきたい。その都道府県の教育方針や目標，進学率，入試体制，また学校数の増加減少に関わる過疎化の問題等，教育関係刊行物や新聞の地域面などによく目を通し，教育委員会に在職する人やすでに教職についている先生・知人の話をよく聞いて，十分に知識を得ておくことが望ましい。

　　②教育上の諸問題に関する知識・データの整理

　　　　面接試験において，この分野からの質問が多くなされることは周知の事実である。したがって直前には再度，最近話題になった教育上の諸問題についての基礎知識や資料を整理・分析して，質問にしっかりとした応答ができるようにしておかなければならない。

　　③時事常識の習得と整理

　　　　面接試験における時事常識に関する質問は，面接日前2カ月間ぐらいのできごとが中心となることが多い。したがって，この間の新聞・雑誌は精読し，時事問題についての常識的な知識をよく修得し整理しておくことが，大切な準備の1つといえよう。

　○応答のマナー

　　　　面接試験における動作は歩行と着席にすぎないのだから，注意点はそれほど多いわけではない。要は，きちんとした姿勢を持続し，日常の動作に現れるくせを極力出さないようにすることである。最後に面接試験における応答態度の注意点をまとめておこう。

　　①歩くときは，背すじをまっすぐ伸ばしあごを引く。かかとを引きずったり，背中を丸めて歩かないこと。

②椅子に座るときは深めに腰かけ，背もたれに寄りかかったりしない。女子は両ひざをきちんと合わせ，手を組んでひざの上に乗せる。男子もひざを開けすぎると傲慢な印象を与えるので，窮屈さを感じさせない程度にひざを閉じ，手を軽く握ってひざの上に乗せる。もちろん，背すじを伸ばし，あごを出さないようにする。

③上目づかいや横目，流し目などは慎しみ，視線を一定させる。きょろきょろしたり相手をにらみつけるようにするのも良い印象を与えない。

④舌を出す，頭をかく，肩をすくめる，貧乏ゆすりをするなどの日頃のくせを出さないように注意する。これらのくせは事前にチェックし，矯正しておくことが望ましい。

　以上が面接試験の際の注意点であるが，受験者の動作は入室の瞬間から退室して受験者の姿がドアの外に消えるまで観察されるのだから，最後まで気をゆるめず注意事項を心得ておきたい。

面接試験を知る

面接試験には採点基準など明確なものがあるわけではない。面接官が受験者から受ける印象などでも採点は異なってくるので，立派な正論を述べれば正解という性質のものではないのである。ここでは，面接官と受験者の間の様々な心理状況を探ってみた。

　面接試験で重要なことは，あたりまえだが面接官に良い印象を持たせるということである。面接官に親しみを持たせることは，確実にプラスになるだろう。同じ回答をしたとしても，それまでの印象が良い人と悪い人では，面接官の印象も変わってくることは十分考えられるからである。

　「面接はひと対ひと」と言われる。人間が相手だけに，その心理状況によって受ける印象が変わってきてしまうのである。正論を語ることももちろん重要だが，良い印象を与えるような雰囲気をつくることも，同じく重要である。それでは，面接官に対してよい印象を与える受験者の態度をまず考えてみよう。

■■ 面接官の観点————————

〈外観の印象〉

　□健康的か。

　□身だしなみは整っているか。

　□清潔感が感じられるか。

　□礼儀正しいか。

　□品位があり，好感を与えるか。

　□明朗で，おおらかさがあるか。

　□落ちつきがあるか。

　□謙虚さがうかがえるか。

　□言語が明瞭であるか。

□声量は適度であるか。

□言語・動作が洗練されているか。

〈**質疑応答における観点**〉

①理解力・判断力・表現力

　□質問の意図を正しく理解しているか。

　□質問に対して適切な応答をしているか。

　□判断は的確であるか。

　□感情におぼれず，冷静に判断を下せるか。

　□簡潔に要領よく話すことができるか。

　□論旨が首尾一貫しているか。

　□話に筋道が通り，理路整然としているか。

　□用語が適切で，語彙が豊富であるか。

②積極性・協調性(主に集団討論において)

　□積極的に発言しているか。

　□自己中心的ではないか。

　□他者の欠点や誤りに寛容であるか。

　□利己的・打算的なところは見受けられないか。

　□協力して解決の方向へ導いていこうとしているか。

③教育に対する考え方

　□教育観が中正であるか。

　□人間尊重という基本精神に立っているか。

　□子供に対する正しい理解と愛情を持っているか。

　□教職に熱意を持っているか。

　□教職というものを，どうとらえているか。

　□考え方の社会性はどうか。

④教師としての素養

　□学問や教育への関心はあるか。

　□絶えず向上しようとする気持ちが見えるか。

　□一般的な教養・常識・見識はあるか。

　□専門に関しての知識は豊富か。

□情操は豊かであるか。

□社会的問題についての関心はどうか。

□特技や趣味をどう活かしているか。

□国民意識と国際感覚はどうか。

⑤人格の形成

□知，情，意の均衡がとれているか。

□社会的見識が豊かであるか。

□道徳的感覚はどうか。

□応答の態度に信頼感はあるか。

□意志の強さはうかがえるか。

□様々な事象に対する理解力はどうか。

□社会的適応力はあるか。

□反省力，自己抑制力はどの程度あるか。

■■ 活発で積極的な態度────────

　意外に忘れてしまいがちだが，面接試験において確認しておかなくてはならないことは，評価を下すのが面接官であるという事実である。面接官と受験者の関係は，面接官が受験者を面接する間，受験者は面接官にある種の働きかけをすることしかできないのである。面接という短い時間の中で，面接官に関心を持ってもらい，自分をより深く理解してもらいたいのだということを示すためには，積極的に動かなくてはならない。それによって，面接官が受験者に対して親しみを覚える下地ができるのである。

　そこで必要なのは，活発な態度である。質問にハキハキ答える，相手の目を見て話すといった活発な態度は確実に好印象を与える。質問に対し歯切れの悪い答え方をしたり，下を向いてぽそぽそと話すようでは，面接官としてもなかなか好意的には受け取りにくい。

　また，積極的な態度も重要である。特に集団面接や討論形式の場合，積極性がないと自分の意見を言えないままに終わってしまうかもしれない。自分の意見は自分からアピールしていかないと，相手から話を

振られるのを待っているだけでは，発言の機会は回ってこないのである。言いたいことはしっかり言うという態度は絶対に必要だ。

　ただ，間違えてほしくないのは，積極的な態度と相手の話を聞かないということはまったく別であるということである。集団討論などの場で，周りの意見や流れをまったく考えずに自分の意見を繰り返すだけでは，まったく逆効果である。「積極的」という言葉の中には，「積極的に話を聞く」という意味も含まれていることを忘れてはならない。また，自分が言いたいことがたくさんあるからといって，面接官が聞いている以外のことをどんどん話すという態度もマイナスである。このことについては次でも述べるが，面接官が何を聞こうとしているかということを「積極的に分かろうとする」態度を身につけておこう。

　最後に，面接試験などの場であがってしまうという人もいるかもしれない。そういう人は，素の自分を出すということに慣れていないという場合が多く，「変なことを言って悪い印象を与えたらどうしよう」という不安で心配になっていることが多い。そういう人は，面接の場では「活発で積極的な自分を演じる」と割り切ってしまうのも1つの手ではないだろうか。自分は演じているんだという意識を持つことで，「自分を出す」ということの不安から逃れられる。また，そういうことを何度も経験していくことで，無理に演技しているという意識を持たなくても，積極的な態度をとれるようになってくるのである。

■■■ 面接官の意図を探る──────

　面接官に，自分の人間性や自分の世界を理解してもらうということは，面接官に対して受験者も共感を持つための準備ができているということを示さなくてはならない。面接官が興味を持っていることに対して誠意を持って回答をしているのだ，ということを示すことが重要である。例えば，面接官の質問に対して，受験者がもっと多くのことを話したいと思ったり，もっとくわしく表現したいと思っても，そこで性急にそうした意見や考えを述べたりすると，面接官にとって重要なことより，受験者にとって重要なことに話がいってしまい，面接官

は受験者が質問の意図を正確に理解する気がないのだと判断する可能性がある。面接官の質問に対して回答することと，自分の興味や意見を述べることとの間には大きな差があると思われる。面接官は質問に対する回答には関心を示すが，回答者の意見の論述にはあまり興味がないということを知っておかなくてはならない。面接官は，質問に対する回答はコミュニケーションと受け取るが，単なる意見の陳述は一方的な売り込みであることを知っているのである。

　売り込みは大切である。面接の場は自分を分かってもらうというプレゼンテーションの場であることは間違いないのだから，自分を伝える努力はもちろん必要である。だから，求められている短い答えの中で，いかに自分を表現できるかということがキーになってくる。答えが一般論になってしまっては面接官としても面白くないだろう。どんな質問に対しても，しっかりと自分の意見を持っておくという準備が必要なのである。相手の質問をよく聞き，何を求めているかを十分理解した上で，自分の意見をしっかりと言えるようにしておこう。その際，面接官の意図を尊重する姿勢を忘れないように。

■■ 相手のことを受容すること────────

　面接官が受験者を受容する，あるいは受験者が面接官に受容されるということは，面接官の意見に賛同することではない。また，面接官と受験者が同じ価値観を持つことでもない。むしろ，面接官が自分の考え，自分の価値観をもっているのと同じように，受験者がそれをもっていることが当然であるという意識が面接官と受験者の間に生まれるということであろう。こうした関係がない面接においては，受験者は自分が面接官の考え方や価値観を押しつけられているように感じる。

　更に悪いのは，受験者はこう考えるべきだというふうに面接官が思っていると受験者が解釈し，そのような回答をしていることを面接官も気付いてしまう状態である。シナリオが見えるような面接試験では，お互いのことがまったく分からないまま終わってしまう。奇抜な意見

を言えばいいというものではないが，個性的な意見も面接の中では重要になってくる。ただ，その自分なりの意見を面接官が受容するかどうかという点が問題なのである。「分かる奴だけ分かればいい」という態度では，面接は間違いなく失敗する。相手も自分も分かり合える関係を築けるような面接がいい面接なのである。

　「こちらがどう思おうと，面接官がどう思うかはどうしようもない」と考えている人もいるかもしれないが，それは間違いである。就職試験などにみられる「圧迫面接」などならしかたないが，普通に面接試験を行う時は，面接官側も受験者のことを理解したいと思って行うのであるから，受験生側の態度で友好的になるかならないかは変わってくるのである。

■■ 好き嫌い————————

　受容については，もう1つの面がある。それは自分と異なった文化を持った人間を対等の人間として扱うということである。こうした場合のフィードバックは，個人の眼鏡のレンズによってかなり歪められたものになってしまう。また，文化の違いがないときでも，お互いを受容できないということは起こりうる。つまり，人格的に性が合わないことがあるということを認めなくてはならない。しかし，面接という場においては，このことが評価と直結するかというと，必ずしもそうではない。次に述べる「理解」というのにも関係するのだが，面接官に受験者の意見や考えを理解してもらうことができれば，面接の目標を果たせたことになるからだ。

　もちろん，「顔や声がどうしても嫌い」などというケースもあり得るわけだが，面接官も立派な大人なわけであるし，そのことによって質問の量などが変わってくるということはまずない。「自分だけ質問されない」というようなケースはほとんどないし，あるとしたらまったく何か別な理由であろう。好き嫌いということに関しては，それほど意識することはないだろう。ただ，口の聞き方や服装，化粧などで，いやな感じを与えるようなものはさけるというのは当然である。

■■ 理解するということ――――――――

　一人の人間が他者を理解するのに3つの方法がある。第一の方法は，他者の目を通して彼を理解する。例えば，彼について書かれたものを読み，彼について他の人々が語っているのを聞いたりして，彼について理解する。もっとも面接においては，前に行われた面接の評価がある場合をのぞいては，この理解は行われない。

　第二の方法は，自分で相手を理解するということである。これは他者を理解するために最もしばしば使う方法であり，これによってより精密に理解できるといえる。他者を理解したり，しなかったりする際には，自分自身の中にある知覚装置，思考，感情，知識を自由に駆使する。従って理解する側の人間は，その立場からしか相手を理解できない。面接においては，教育現場で仕事に携わっている視点から物事を見ているので，現場では役に立たないような意見を面接官は理解できないということである。

　第三の方法は，最も意味の深いものであると同時に，最も要求水準が高いものでもある。他者とともに理解するということである。この理解の仕方は，ただ両者共通の人間性のみを中心に置き，相手とともにいて，相手が何を考え，どう感じているか，その人の周囲の世界をどのようにみているかを理解するように努める。面接において，こうした理解までお互いに到達することは非常に困難を伴うといえるだろう。

　従って，面接における理解は，主に第二の方法に基づいて行われると考えられる。

■■ よりよく理解するために――――――――

　最後に面接官が面接を行う上でどのような点を注目し，どのように受験者を理解しようとするのかについて触れておこう。

　まず話し過ぎ，沈黙し過ぎについて。話し過ぎている場合，面接官は受験者を気に入るように引き回される。また，沈黙し過ぎのときは，両者の間に不必要な緊張が生まれてしまう。もっとも，沈黙は面接に

おいて，ときには非常に有用に機能する。沈黙を通して，面接官と受験者がより近づき，何らかを分かち合うこともある。また，同じ沈黙が，二人の溝の開きを見せつけることもある。また混乱の結果を示すこともある。

　また面接官がよく用いる対応に，言い直し，明確化などがある。言い直しとは，受験者の言葉をそのまま使うことである。言い直しはあくまでも受験者に向けられたもので，「私はあなたの話を注意深く聞いているので，あなたが言ったことをもう一度言い直せますよ。私を通してあなたが言ったことを自分の耳で聴き返してください」という意思表示である。

　明確化とは，受験者が言ったこと，あるいは言おうとしたことを面接官がかわって明確にすることである。これには2つの意味があると考えられている。面接官は受験者が表現したことを単純化し意味を明瞭にすることにより，面接を促進する。あるいは，受験者がはっきりと表現するのに困難を感じているときに，それを明確化するのを面接官が手伝ってやる。そのことによって，受験者と面接官とが認識を共有できるのである。

面接試験の秘訣

社会情勢の変動とともに年々傾向の変動が見られる面接試験。これからの日常生活でふだん何を考え，どういった対策をすべきかを解説する。

■■ 変わる面接試験

　数年前の面接試験での質問事項と最近の面接試験の質問事項を比較してみると，明らかに変わってきている。数年前の質問事項を見てみると，個人に関する質問が非常に多い。「健康に問題はないか」「遠隔地勤務は可能か」「教師を志した理由は」「卒論のテーマは」「一番印象に残っている教師は」などといったものがほとんどである。「指導できるクラブは何か」というものもある。その他には，「今日の新聞の一面の記事は何か」「一番関心を持っている社会問題は何か」「最近読んだ本について」「今の若者についてどう思うか」「若者の活字離れについて」「日本語の乱れについて」「男女雇用機会均等法について」「国際化社会について」「高齢化社会について」といった質問がされている。そして，教育に関連する質問としては，「校則についてどう考えるか」「～県の教育について」「学校教育に必要なこと」「コンピュータと数学教育」「生徒との信頼関係について」「社会性・協調性についてどう考えるか」「生涯教育について」「登校拒否について」といったものが質問されている。また「校内球技大会の注意事項」「教室でものがなくなったときの対処法」「家庭訪問での注意事項」「自分ではできそうもない校務を与えられたときはどうするか」「無気力な子供に対してどのような指導をするか」といった質問がされていたことが分かる。

　もちろんこれらの質問は今日も普遍的に問われることが多いが，さ

331

らに近年の採用試験での面接試験の質問事項では，「授業中に携帯メールをする生徒をどう指導するか」，「トイレから煙草の煙が出ているのを見つけたらどうするか」，「生徒から『先生の授業は分からないから出たくない』と言われたらどうするか」といった具体的な指導方法を尋ねるものが大幅に増えているのである。では，面接試験の質問内容は，どうしてこのように変化してきたのであろうか。

■■ 求められる実践力————————

　先にも述べたように，今日，教師には，山積した問題に積極的に取り組み，意欲的に解決していく能力が求められている。しかも，教師という職業柄，1年目から一人前として子供たちの指導に当たらなくてはならない。したがって，教壇に立ったその日から役に立つ実践的な知識を身に付けていることが，教師としての前提条件となってきているのである。例えば，1年目に担任したクラスでいじめがあることが判明したとする。その時に，適切な対応がとられなければ，自殺という最悪のケースも十分予想できるのである。もちろん，いじめに対する対処の仕方に，必ずこうしなくてはならないという絶対的な解決方法は存在しない。しかし，絶対にしてはいけない指導というものはあり，そうした指導を行うことによって事態を一層悪化させてしまうことが容易に想像できるものがある。そうした指導に関する知識を一切持たない教師がクラス経営を行うということは，暗闇を狂ったコンパスを頼りに航海するようなものである。

　したがって，採用試験の段階で，教師として必要最低限の知識を身に付けているかどうかを見極めようとすることは，至極当然のことである。教師として当然身に付けていなければいけない知識とは，教科指導に関するものだけではなく，教育哲学だけでもなく，今日の諸問題に取り組む上で最低限必要とされる実践的な知識を含んでいるのである。そして，そうした資質を見るためには，具体的な状況を設定して，対処の仕方を問う質問が増えてくるのである。

■■ 面接試験の備え────────

　実際の面接試験では，具体的な場面を想定して，どのような指導をするか質問されるケースが非常に多くなってきている。その最も顕著な例は模擬授業の増加である。対策としては，自己流ではない授業案を書く練習を積んでおかなくてはならない。

　また，いじめや不登校に対する対応の仕方などについては，委員会報告や文部科学省の通達などが出ているので，そうしたものに目を通して理解しておかなくてはいけない。

■■ 面接での評価ポイント────────

面接は人物を評価するために行う。

①面接官の立場から
　ア．子供から信頼を受けることができるであろうか。
　イ．保護者から信頼を受けることができるであろうか。
　ウ．子供とどのようなときも，きちんと向き合うことができるであろうか。
　エ．教えるべきことをきちんと教えることができるであろうか。

②保護者の立場から
　ア．頼りになる教員であろうか。
　イ．わが子を親身になって導いてくれるであろうか。
　ウ．学力をきちんとつけてくれるであろうか。
　エ．きちんと叱ってくれるであろうか。

■■ 具体的な評価のポイント────────

①第一印象(はじめの1分間で受ける感じ)で決まる
　服装，身のこなし，表情，言葉遣いなどから受ける感じ
②人物評価
　ア．あらゆるところから誠実さがにじみ出ていなければならない。
　イ．歯切れのよい話し方をする。簡潔に話し，最後まできちんと聞く。

ウ．願書等の字からも人間性がのぞける。上手下手ではない。

エ．話したいことが正しく伝わるよう，聞き手の立場に立って話す。

③回答の仕方

ア．問いに対しての結論を述べる。理由は問われたら答えればよい。理由を問われると予想しての結論を述べるとよい。

イ．質問は願書や自己PRを見ながらするであろう。特に自己PRは撒き餌である。

ウ．具体的な方策を問うているのであって，タテマエを求めているのではない。

■■ **集団討論では平等な討議**————————

①受験者間の意見の相違はあって当然である。だからこそ討議が成り立つのであるが，食い下がる必要はない。

②相手の意見を最後まで聞いてから反論し，理由を述べる。

③長々と説明するなど，時間の独り占めは禁物である。持ち時間は平等にある。

④現実を直視してどうするかを述べるのはよい。家庭教育力の低下だとか「今日の子供は」という批判的な見方をしてはならない。

面接試験の心構え

■■ 教員への大きな期待──────

　面接試験に臨む心構えとして，今日では面接が1次試験，2次試験とも実施され，合否に大きな比重を占めるに至った背景を理解しておく必要がある。

　教員の質への熱くまた厳しい視線は，2009年4月から導入された教員免許更新制の実施としても制度化された(2022年7月廃止予定)。

　さらに，令和3年1月に中央教育審議会から答申された『令和の日本型学校教育』の構築を目指して～全ての子供たちの可能性を引き出す，個別最適な学びと，協働的な学びの実現～」では，教師が教師でなければできない業務に全力投球でき，子供たちに対して効果的な教育活動を行うことができる環境を作っていくために，国・教育委員会・学校がそれぞれの立場において，学校における働き方改革について，あらゆる手立てを尽くして取組を進めていくことが重要であるとされている。

　様々な状況の変化により，これからますます教師の力量が問われることになる。さらに，子供の学ぶ意欲や学力・体力・気力の低下，様々な実体験の減少に伴う社会性やコミュニケーション能力の低下，いじめや不登校等の学校不適応の増加，LD(学習障害)，ADHD(注意欠陥/多動性障害)や高機能自閉症等の子供への適切な支援といった新たな課題の発生など，学校教育をめぐる状況は大きく変化していることからも，これからの教員に大きな期待が寄せられる。

■■ 教員に求められる資質──────

　もともと，日本の学校教育制度や教育の質は世界的に高水準にあると評価されており，このことは一定の共通認識になっていると思われる。教師の多くは，使命感や誇りを持っており，教育的愛情をもって

子供に接しています。さらに，指導力や児童生徒理解力を高めるため，いろいろな工夫や改善を行い，自己研鑽を積んできている。このような教員の取り組みがあったために，日本の教員は高い評価を得てきている。皆さんは，このような教師たちの姿に憧れ，教職を職業として選択しようとしていることと思われる。

　ただ一方で，今日，学校教育や教員をめぐる状況は大きく変化しており，教員の資質能力が改めて問い直されてきているのも事実です。文部科学省の諮問機関である中央教育審議会では，これらの課題に対し，①社会構造の急激な変化への対応，②学校や教員に対する期待の高まり，③学校教育における課題の複雑・多様化と新たな研究の進展，④教員に対する信頼の揺らぎ，⑤教員の多忙化と同僚性の希薄化，⑥退職者の増加に伴う量及び質の確保の必要性，を答申している。

　中央教育審議会答申(「教職生活の全体を通じた教員の資質能力の総合的な向上方策について」2012年)では，これからの教員に求められる資質能力を示してる。

(i)　教職に対する責任感，探究力，教職生活全体を通じて自主的に学び続ける力(使命感や責任感，教育的愛情)

(ii)　専門職としての高度な知識・技能
・教科や教職に関する高度な専門的知識(グローバル化，情報化，特別支援教育その他の新たな課題に対応できる知識・技能を含む)
・新たな学びを展開できる実践的指導力(基礎的・基本的な知識・技能の習得に加えて思考力・判断力・表現力等を育成するため，知識・技能を活用する学習活動や課題探究型の学習，協働的学びなどをデザインできる指導力)
・教科指導，生徒指導，学級経営等を的確に実践できる力

(iii)　総合的な人間力(豊かな人間性や社会性，コミュニケーション力，同僚とチームで対応する力，地域や社会の多様な組織等と連携・協働できる力)

また，中央教育審議会答申(「今後の教員養成・免許制度の在り方について」2006年)では，優れた教師の3要素が提示されている。

① 教職に対する強い情熱
   教師の仕事に対する使命感や誇り，子どもに対する愛情や責任感など
② 教育の専門家としての確かな力量
   子ども理解力，児童・生徒指導力，集団指導の力，学級づくりの力，学習指導・授業づくりの力，教材解釈の力など
③ 総合的な人間力
   豊かな人間性や社会性，常識と教養，礼儀作法をはじめ対人関係能力，コミュニケーション能力などの人格的資質，教職員全体と同僚として協力していくこと

さらに中央教育審議会答申(「これからの学校教育を担う教員の資質能力の向上について～学び合い，高め合う教員育成コミュニティの構築に向けて～」2015年)では，新たにこれからの時代の教員に求められる資質能力が示された。

(i) これまで教員として不易とされてきた資質能力に加え，自律的に学ぶ姿勢を持ち，時代の変化や自らのキャリアステージに応じて求められる資質能力を生涯にわたって高めていくことのできる力や，情報を適切に収集し，選択し，活用する能力や知識を有機的に結びつけ構造化する力などが必要である。
(ii) アクティブ・ラーニングの視点からの授業改善，道徳教育の充実，小学校における外国語教育の早期化・教科化，ICTの活用，発達障害を含む特別な支援を必要とする児童生徒等への対応などの新たな課題に対応できる力量を高めることが必要である。
(iii) 「チーム学校」の考えの下，多様な専門性を持つ人材と効果的に連携・分担し，組織的・協働的に諸課題の解決に取り組む力の醸成が必要である。

時代の変革とともに，アクティブ・ラーニングやチーム学校など，

求められる教師の資質や能力も変わっていく。時代に対応できる柔軟性のある教師が求められる。

■■ 面接試験の種類とその概要————————

　面接は，基本的に個人面接，集団面接，集団討論，模擬授業の4種類に分けられるが，現在，多様な方法で，その4種類を適宜組み合わせて実施しているところが多くなっている。例えば，模擬授業の後で授業に関する個人面接をしたり，集団討論と集団面接を組み合わせている。また模擬授業も場面指導・場面対応などを取り入れているところが増えてきた。

　文部科学省の調査によると，面接官は主に教育委員会事務局職員や現職の校長，教頭などであるが，各自治体は，これに加えて民間企業担当者，臨床心理士，保護者等の民間人等を起用している。次にそれぞれの面接の概要を紹介する。

受験者1人に対して，面接官2〜3人で実施される。1次試験の場合は「志願書」に基づいて，2次試験の場合は1次合格者にあらかじめ記入させた「面接票」に基づいて質問されることが一般的で，1人当たり10分前後の面接時間である。

　1次試験と2次試験の面接内容には大差はないが，やや2次試験の方が深く，突っ込んで聞かれることが多いと言える。

　質問の中でも，「教員志望の動機」，「教員になりたい学校種」，「本県・市教員の志望動機」，「理想の教師像・目指す教師像」などは基本的なことであり，必ず聞かれる内容である。「自己アピール」とともに，理由，抱負，具体的な取組などをぜひ明確化しておく必要がある。

　また，「志願書」を基にした質問では，例えば部活動の経験や，卒業論文の内容，ボランティア経験などがある。必ず明確に，理由なども含めて答えられるようにしておくことが必要である。そのために「志願書」のコピーを取り，突っ込んで聞かれた場合の対策を立てておくことを勧める。

集団面接 集団面接は受験者3～8名に対して面接官3名で実施される。1次試験で実施するところもある。したがって個人面接と質問内容には大差はない。例えば,「自己アピール」をさせたり,「教員として向いているところ」を聞いたりしている。

　ただ1次試験の面接内容と違うところは,先に述べたように,多くの自治体が2次試験受験者に対してあらかじめ「面接票」を書かせて当日持参させて,その内容に基づいて聞くことが多い。したがって,記載した内容について質問されることを想定し,十分な準備をしておく必要がある。例えば,「卒業論文のテーマ」に対して,テーマを設定した理由,研究内容,教師として活かせることなどについて明確化しておく必要がある。ボランティア経験なども突っ込んで聞かれることを想定しておく。

　今日では集団面接は受験番号順に答えさせるのではなく,挙手をさせて答えさせたり,受験者によって質問を変えたりする場合が多くなっている。

　集団面接では,個人面接と同様に質問の内容自体は難しくなくても,他の受験生の回答に左右されないように,自分の考えをしっかりと確立しておくことが重要である。

集団討論 面接官3名に対して,受験者5～8名で与えられたテーマについて討論する。受験者の中から司会を設けさせるところと司会を設けなくてもよいところ,結論を出すように指示するところと指示しないところがある。

　テーマは児童生徒への教育・指導に関することが中心で,討論の時間は30～50分が一般的である。

　採用者側が集団討論を実施する意図は,集団面接以上に集団における一人ひとりの資質・能力,場面への適応力,集団への関係力,コミュニケーション力などを観て人物を評価したいと考えているからである。そして最近では,個人面接や集団面接では人物を判断しきれないところを,集団討論や模擬授業で見極めたいという傾向が見受けられる。よって受験者仲間と討論の練習を十分に行い,少し

でも教育や児童生徒に対する幅広い知識を得ることはもちろんのこと，必ず自分の考えを構築していくことが，集団討論を乗り切る「要」なのである。

模擬授業　一般に模擬授業は教科の一部をさせるものであるが，道徳や総合的な学習の時間，学級指導などを行わせるところもある。

　時間は8分前後で，導入の部分が一般的であるが，最近は展開部分も行わせることもある。直前に課題が示されるところ，模擬授業前に一定の時間を与え，学習指導案を書かせてそれを基に授業をさせるところ，テーマも抽選で自分である程度選択できるところもある。また他の受験生を児童生徒役にさせるところ，授業後，授業に関する個人面接を実施するところなど，実施方法は実に多様である。

　ある県では，1次合格者に対して2次試験当日に，自分で設定した単元の学習指導案をもとに授業をさせて，後の個人面接で当該単元設定の理由などを聞いている。またある県では，授業後の個人面接で自己採点をさせたり，授業について質問している。

　学級指導を行わせる自治体もある。例えば，福祉施設にボランティアに出かける前の指導や修学旅行前日の指導，最初の学級担任としての挨拶をさせるものなどである。

　模擬授業は，集団討論と同様，最近は非常に重要視されている。時間はわずか8分前後であるが，指導内容以上に，与えられた時間内にどれだけ児童生徒を大切にした授業をしようとしたか，がポイントである。それだけに受験生は「授業力」を付ける練習を十分にしておくことが必要である。

場面指導ロールプレイング　模擬授業の一方法と言えるが，設定される課題が生徒指導に関することや，児童生徒対応，保護者対応・地域対応に関するものが主である。個人面接の中で設定される場合もある。

　最近の児童生徒の実態や保護者対応などが課題になっていることを受けて，多くのところで実施されるようになってきた。

　例えば，「授業中に児童が教室から出て行きました。あなたはどうしますか」とか「あなたが授業のために教室に行ったところ，生徒たちが廊下でたむろして教室に入らないので指導して下さい」，「学級の生徒の保護者から，明日から学校に行かせないとの連絡がありました。担任としてどうするか，保護者に話してください」など，教員になれば必ず直面するテーマが設定されている。

　日頃から，自分が教員になった場合の様々な場面を想定して，自分の考えや対応の方法などの構築を進めていくことが必要である。そのためには，集団討論や模擬授業と同様に十分な練習を行うことが必要である。

■■■ 面接試験に臨むために準備すること──────────

準備のための基本的な視点は次の3点である。

(1)　面接会場の多くは学校の教室である。暑い最中での面接であるから，心身の状態をベストにして臨むことが極めて重要である。

　　面接のためだけでなく，教職自体が予想以上に心身のタフさが求められることを念頭において，日頃から試験当日に向けて心身の健康の保持に留意すること。

(2)　面接は人物評価の「要」となっているだけに，受験者は「自分をアピールする・売り込む」絶好の機会と捉えて，当日に向けての十分な準備・対策を進めることが極めて大切である。

(3)　自分の受験する自治体の教育施策を熟知し，多様な面接内容などに対処できるようにすることが大切である。

<h1>試験対策前の事前チェック</h1>

■■ 面接試験の準備状況をチェックする──────

　まず面接試験に向けた現在の準備状況を20項目の「**準備状況のチェック**」で自己チェックし，その合計得点から準備の進み具合について調べ，これからどのような準備や学習が必要なのかを考えよう。「はい」「少しだけ」「いいえ」のどれかをマークし，各点数の合計を出す。（得点：はい…2点，少しだけ…1点，いいえ…0点）

Check List 1 準備状況のチェック

項目	はい	少しだけ	いいえ
① 態度・マナーや言葉づかいについてわかっている			
② 自分の特技や特長が説明できる			
③ 自分なりの志望の動機を答えられる			
④ 自己PRが短時間でできる			
⑤ 自分の能力や教員としての適性について説明できる			
⑥ 教育に対する考えを明確に説明することができる			
⑦ 自分の目指す教師像について説明できる			
⑧ 教師として何を実践したいか説明できる			
⑨ 希望する校種が決まっている			
⑩ 卒論の内容について具体的に説明できる			
⑪ 面接試験の内容や方法についてわかっている			
⑫ 面接の受け方がわかっている			
⑬ 面接試験で何を質問されるのかわかっている			
⑭ 模擬面接を受けたことがある			
⑮ 集団討議でディスカッションする自信がある			
⑯ 模擬授業での教科指導・生徒指導に自信がある			
⑰ 受験要項など取り寄せ方やWeb登録を知っている			
⑱ 書類など何をそろえたらよいのかわかっている			
⑲ 書類などの書き方がわかっている			
⑳ 試験当日の準備ができている			

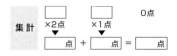

集計 ×2点 ×1点 0点
　　　▼　　　▼
　　　点 + 　　　点 = 　　　点

診断

0～14点	15～29点	30～40点
少々準備不足である。他の受験者に遅れを取らないように頑張ろう。	順調に準備が進んでいる。さらに本番に向けて準備を進めよう。	よく準備ができている。自分の考えを整理して，本番に備えよう。

■■ 教職レディネスをチェックする――――――

　教員採用試験を受験する前に，教員になるための準備がどの程度できているだろうか。教員の職務に必要とされている様々な能力や適性について，まずは確認してみることが必要である。

　教員の職務に必要な能力・適性を，(1)　事務処理，(2)　対人関係，(3)　教育力・指導力 に分け，それぞれについて，教員になるための準備の程度について考えてみたい。次のチェックシートを使って，自分の教職に対するレディネス(準備性)を評価してみる。CとDの項目については，改善のためのアクションプラン(行動計画)を考えるとよい。

(1)　事務処理能力をチェックする

　教育事務は教育活動の中でも，生徒指導を支える重要な役割を果たすものである。学校としてのあらゆる教育計画を企画・立案したり，生徒指導のための資料を収集・整理し，活用できるようにまとめたりすることも，事務処理の優れた能力がなければ実践していくことはできない。教職レディネスとしての事務的能力について，以下の項目をAからDで評価する。

Check List 2 事務処理能力のチェック

A：十分できる　B：できる　C：あまりできない　D：できない

① 言われたことを正しく理解し，実行できる　　(A)――(B)――(C)――(D)

② 計画的に行動し，適正に評価することができる　(A)――(B)――(C)――(D)

③ 根気強く資料を作ったり，検討することができる　(A)――(B)――(C)――(D)

④ 物事を正確で丁寧に処理できる　Ⓐ─Ⓑ─Ⓒ─Ⓓ

⑤ 計算を速く間違いなくできる　Ⓐ─Ⓑ─Ⓒ─Ⓓ

⑥ 記録を付けたり, データを解釈することができる　Ⓐ─Ⓑ─Ⓒ─Ⓓ

⑦ 文字や数字などを速く正確に照合できる　Ⓐ─Ⓑ─Ⓒ─Ⓓ

⑧ 文章を理解し, 文章で自分の考えを伝えられる　Ⓐ─Ⓑ─Ⓒ─Ⓓ

⑨ データをグラフ化したり, 考えを図式化できる　Ⓐ─Ⓑ─Ⓒ─Ⓓ

⑩ 分析したり, まとめたり, 計画を立てられる　Ⓐ─Ⓑ─Ⓒ─Ⓓ

(2) 対人関係能力をチェックする

　教育は人と人との関わりを通して行われるものであり, 児童・生徒は教師の人格や対人関係能力などによって大きな影響を受けるものである。児童・生徒への適切な指導や保護者との連携, 地域との関わり, 先輩教員とのコミュニケーションなど対人関係能力は教職にとって欠くことのできない基本的な要素だと言える。教職レディネスとしての対人関係能力について, 以下の項目を前述と同様にAからDで評価してみよう。

Check List 3 対人関係能力のチェック

A：十分できる　B：できる　C：あまりできない　D：できない

① 考えていることをうまく言葉で表現できる　Ⓐ─Ⓑ─Ⓒ─Ⓓ

② あまり神経質でなく, 劣等感も少ない　Ⓐ─Ⓑ─Ⓒ─Ⓓ

③ 社交性があり, 誰とでも協調していくことができる　Ⓐ─Ⓑ─Ⓒ─Ⓓ

④ 初対面でも気楽に話すことができる　Ⓐ─Ⓑ─Ⓒ─Ⓓ

⑤ 相手に好感を与えるような話しぶりができる　Ⓐ─Ⓑ─Ⓒ─Ⓓ

⑥ 奉仕的な気持ちや態度を持っている　Ⓐ─Ⓑ─Ⓒ─Ⓓ

⑦ 何事にも, 機敏に対応できる　Ⓐ─Ⓑ─Ⓒ─Ⓓ

⑧ 相手の気持ちや考えをよく理解できる　Ⓐ─Ⓑ─Ⓒ─Ⓓ

⑨ 相手の立場になって考えたり, 行動できる　Ⓐ─Ⓑ─Ⓒ─Ⓓ

⑩ 他人をうまく説得することができる　Ⓐ─Ⓑ─Ⓒ─Ⓓ

(3) 教育力・指導力をチェックする

　教師としての教育力や指導力は, 教員の職務上, もっとも重要な能力であると言える。教師として必要な知識や指導方法などを知ってい

ても，実際にそれらを活用して指導していけなければ何にもならない。教育力・指導力は，教育活動の中で生徒指導を実践していくための教職スキルであると言うことができる。教職レディネスとしての教育力・指導力について，以下の項目をAからDで評価してみよう。

Check List 4 教育力・指導力のチェック

A:十分できる　B:できる　　C:あまりできない　D:できない

① 責任感が強く，誠実さを持っている　　　　　　　　　Ⓐ—Ⓑ—Ⓒ—Ⓓ

② 児童・生徒への愛情と正しい理解を持っている　　　　Ⓐ—Ⓑ—Ⓒ—Ⓓ

③ 常に創意工夫し，解決へと努力することができる　　　Ⓐ—Ⓑ—Ⓒ—Ⓓ

④ 何事にも根気強く対応していくことができる　　　　　Ⓐ—Ⓑ—Ⓒ—Ⓓ

⑤ 正しいことと悪いことを明確に判断し行動できる　　　Ⓐ—Ⓑ—Ⓒ—Ⓓ

⑥ 人間尊重の基本精神に立った教育観を持っている　　　Ⓐ—Ⓑ—Ⓒ—Ⓓ

⑦ 教科に関する知識や指導方法などが身に付いている　　Ⓐ—Ⓑ—Ⓒ—Ⓓ

⑧ 問題行動には毅然とした態度で指導することができる　Ⓐ—Ⓑ—Ⓒ—Ⓓ

⑨ 研究や研修に対する意欲を持っている　　　　　　　　Ⓐ—Ⓑ—Ⓒ—Ⓓ

⑩ 教科に関する知識や指導方法などが身に付いている　　Ⓐ—Ⓑ—Ⓒ—Ⓓ

⑪ 授業を計画したり実践する力がある　　　　　　　　　Ⓐ—Ⓑ—Ⓒ—Ⓓ

⑫ 教育公務員としての職務を正しく理解している　　　　Ⓐ—Ⓑ—Ⓒ—Ⓓ

⑬ 学習指導要領の内容をよく理解できている　　　　　　Ⓐ—Ⓑ—Ⓒ—Ⓓ

■■ 面接の心構えをチェックする————————

面接への心構えはもうできただろうか。面接試験に対する準備状況を チェックしてみよう。できている場合は「はい」，できていない場合は「いいえ」をチェックする。

Check List 5 面接の心構えのチェック

はい　　　いいえ

① 面接に必要なマナーや態度が身に付いているか　　　　◯—◯

② 面接でどのような事柄が評価されるかわかっているか　◯—◯

③ 面接にふさわしい言葉づかいができるか　　　　　　　◯—◯

④ 受験先のこれまでの面接での質問がわかっているか　　◯—◯

⑤ 話をするときの自分のくせを知っているか　　　　　　◯—◯

⑥ 教員の仕事について具体的に理解しているか ⟨◯⋯⋯◯⟩

⑦ 必要な情報が集められているか確認したか ⟨◯⋯⋯◯⟩

⑧ 志望した動機について具体的に話せるか ⟨◯⋯⋯◯⟩

⑨ 志望先の教育委員会の年度目標などを説明できるか ⟨◯⋯⋯◯⟩

⑩ 志望先の教育委員会の教育施策について説明できるか ⟨◯⋯⋯◯⟩

■■ 面接試験の意義────────

　教員採用試験における筆記試験では，教員として必要とされる一般教養，教職教養，専門教養などの知識やその理解の程度を評価している。また，論作文では，教師としての資質や表現力，実践力，意欲や教育観などをその内容から判断し評価している。それに対し，面接試験では，教師としての適性や使命感，実践的指導能力や職務遂行能力などを総合し，個人の人格とともに人物評価を行おうとするものである。

　教員という職業は，児童・生徒の前に立ち，模範となったり，指導したりする立場にある。そのため，教師自身の人間性は，児童・生徒の人間形成に大きな影響を与えるものである。そのため，特に教員採用においては，面接における人物評価は重視されるべき内容と言える。

■■ 面接試験のねらい────────

　面接試験のねらいは，筆記試験ではわかりにくい人格的な側面を評価することにある。面接試験を実施する上で，特に重視される視点としては次のような項目が挙げられる。

(1)　人物の総合的評価

　面接官が実際に受験者と対面することで，容姿，態度，言葉遣いなどをまとめて観察し，人物を総合的に評価することができる。これは，面接官の直感や印象によるところが大きいが，教師は児童・生徒や保護者と全人的に接することから，相手に好印象を与えることは好ましい人間関係を築くために必要な能力といえる。

(2)　性格，適性の判断

　面接官は，受験者の表情や応答態度などの観察から性格や教師としての適性を判断しようとする。実際には，短時間での面接のため，社会的に，また，人生の上からも豊かな経験を持った学校長や教育委員会の担当者などが面接官となっている。

(3)　志望動機，教職への意欲などの確認

　志望動機や教職への意欲などについては，論作文でも判断することもできるが，面接では質問による応答経過の観察によって，より明確に動機や熱意を知ろうとしている。

(4)　コミュニケーション能力の観察

　応答の中で，相手の意志の理解と自分の意思の伝達といったコミュニケーション能力の程度を観察する。中でも，質問への理解力，判断力，言語表現能力などは，教師として教育活動に不可欠な特性と言える。

(5)　協調性，指導性などの社会的能力(ソーシャル・スキル)の観察

　ソーシャル・スキルは，教師集団や地域社会との関わりや個別・集団の生徒指導において，教員として必要とされる特性の一つである。これらは，面接試験の中でも特に集団討議(グループ・ディスカッション)などによって観察・評価されている。

(6)　知識，教養の程度や教職レディネス(準備性)を知る

　筆記試験において基本的な知識・教養については評価されているが，面接試験においては，更に質問を加えることによって受験者の知識・教養の程度を正確に知ろうとしている。また，具体的な教育課題への対策などから，教職への準備の程度としての教職レディネスを知ることができる。

●書籍内容の訂正等について

　弊社では教員採用試験対策シリーズ（参考書，過去問，全国まるごと過去問題集），公務員試験対策シリーズ，公立幼稚園・保育士試験対策シリーズ，会社別就職試験対策シリーズについて，正誤表をホームページ（https://www.kyodo-s.jp）に掲載いたします。内容に訂正等，疑問点がございましたら，まずホームページをご確認ください。もし，正誤表に掲載されていない訂正等，疑問点がございましたら，下記項目をご記入の上，以下の送付先までお送りいただくようお願いいたします。

> ① **書籍名，都道府県（学校）名，年度**
>   （例：教員採用試験過去問シリーズ　小学校教諭 過去問　2025 年度版）
> ② **ページ数**（書籍に記載されているページ数をご記入ください。）
> ③ **訂正等，疑問点**（内容は具体的にご記入ください。）
>   （例：問題文では"ア〜オの中から選べ"とあるが，選択肢はエまでしかない）

〔ご注意〕

○ 電話での質問や相談等につきましては，受付けておりません。ご注意ください。

○ 正誤表の更新は適宜行います。

○ いただいた疑問点につきましては，当社編集制作部で検討の上，正誤表への反映を決定させていただきます（個別回答は，原則行いませんのであしからずご了承ください）。

●情報提供のお願い

　協同教育研究会では，これから教員採用試験を受験される方々に，より正確な問題を，より多くご提供できるよう情報の収集を行っております。つきましては，教員採用試験に関する次の項目の情報を，以下の送付先までお送りいただけますと幸いでございます。お送りいただきました方には謝礼を差し上げます。

（情報量があまりに少ない場合は，謝礼をご用意できかねる場合があります）。

◆あなたの受験された面接試験，論作文試験の実施方法や質問内容

◆教員採用試験の受験体験記

送付先	○電子メール：edit@kyodo-s.jp ○FAX：03-3233-1233（協同出版株式会社　編集制作部 行） ○郵送：〒101-0054　東京都千代田区神田錦町2-5 　　　　　　協同出版株式会社　編集制作部 行 ○HP：https://kyodo-s.jp/provision（右記のQRコードからもアクセスできます）

　※謝礼をお送りする関係から，いずれの方法でお送りいただく際にも，「お名前」「ご住所」は，必ず明記いただきますよう，よろしくお願い申し上げます。

教員採用試験「過去問」シリーズ

栃木県の
論作文・面接 過去問

編　集	ⓒ 協同教育研究会
発　行	令和5年12月25日
発行者	小貫　輝雄
発行所	協同出版株式会社
	〒101-0054　東京都千代田区神田錦町2 - 5
	電話　03－3295－1341
	振替　東京00190－4－94061
印刷所	協同出版・POD工場

落丁・乱丁はお取り替えいたします。
